Wer bin ich?
Finde deinen individuellen Glaubensweg!

Über die Autorin

Samira Fares kam 1975 als Halbpalästinenserin in München zur Welt und wurde durch ihre Lebensgeschichte zur Autorin. Dieses Buch ist das Produkt der Suche nach ihrem ursprünglichen Selbst und war ihr eine Hilfe, ihren Weg mutig zu gehen. Heute lebt sie verheiratet und mit ihren zwei Kindern im Umland von München.

Wer bin ich?

Finde deinen individuellen Glaubensweg!

Samira Fares

Bibliografische Information der Deutschen Bibliothek
Die Deutsche Bibliothek verzeichnet diese Publikation in der Deutschen
Nationalbibliografie; detaillierte bibliografische Daten sind im Internet über die
Adresse *http://dnb.ddb.de abrufbar.*

Copyright: 2025 Samira Vogiatzis
www.autorin-samira-fares.de
samira.fares@outlook.de

Verlag: BoD · Books on Demand GmbH, Überseering 33,
22297 Hamburg, bod@bod.de
Druck: Libri Plureos GmbH, Friedensallee 273, 22763 Hamburg
ISBN: 978-3-8192-7672-9
Cover: Paraskevi Vogiatzis
Lektorat: Angela Raschke, www.dein-traumfunke.de
Layout: Angela Raschke, www.dein-traumfunke.de
Illustrationen: Freepik

Inhaltsverzeichnis

Warum schrieb ich dieses Buch?..9
Der Weg, den ich erst gehen musste......................................12
Welches Wissen kann dir helfen?...16
Wo finden wir „Die Lehre der Liebe?".....................................30
Das Evangelium..32
Der Islam...60
Der Hinduismus...77
Wichtige Propheten aus den Heiligen Schriften.......................91
Nachschlagewerk..119
Quellenverzeichnis..156
Danksagung...159

Gott, gib mir die Gelassenheit, Dinge hinzunehmen, die ich nicht ändern kann, den Mut, Dinge zu ändern, die ich ändern kann, und die Weisheit, das eine vom anderen zu unterscheiden.

Reinhold Niebuhr

Warum schrieb ich dieses Buch?

Die jetzige Generation der Kinder und Jugendlichen wächst sehr weltoffen auf. Das sind auch die Menschen, die vorwiegend offener sein werden für die Frage, was der Glaube für sie bedeutet. Es reicht nicht, zu sagen: „Ich glaube!", ohne den Glauben wirklich zu leben.

Ein Zitat von Albert Pike hat sich in mein Gedächtnis eingebrannt: „Was wir für uns selbst tun, stirbt mit uns. Was wir für die anderen und für die Welt tun, bleibt und ist unsterblich."

Lernen wir, alle Menschen zu respektieren, egal woher sie stammen und egal welcher Religion sie nachgehen, dann wird es für uns ein friedvolles Leben geben. Dieses Buch soll euch begreifbar machen, dass wir zwar verschiedene Wege gehen, aber dasselbe Ziel haben. Ich schließe es nicht aus, dass an den heiligen Schriften Veränderungen vorgenommen wurden, ob durch Übersetzungen, verschiedene Deutungen oder auch aus Böswilligkeit. Mit absoluter Bestimmtheit weiß das niemand außer Gott. Ich versuche aus den verschiedenen Schriften nur das Gute herauszukristallisieren, denn nur das Gute kommt von Gott. Die menschliche Natur tendiert jedoch eher dazu, sich an Ungereimtheiten aufzureiben, anstatt Gemeinsamkeiten zu suchen. Da ich mein Leben lang auf der Suche nach Gott war und ihn in keiner Religion fand, wurde dieses Buch für mich zu einer Herzensangelegenheit. Denn der Glaube an Gott ist viel mehr als nur eine Religion, die mit Bräuchen und Sitten vermischt wurde. Baut eine Beziehung zu Gott auf, hört auf seine Wegweisung und bezieht ihn in euer Leben ein. Je inniger diese Beziehung wird, desto stärker hört ihr ihn in eurem Inneren und er wird zu eurem Lebensberater.

Ihr werdet die Angst vor dem irdischen Leben verlieren, weil euch dann erst bewusst werden wird, dass das ewige Leben mit Gott viel bedeutender ist. Gemeinsam mit Gott sind wir hier, um unsere Erfahrungen zu machen, um herauszufinden, wer wir sind und warum wir hier sind. Ja, und oft muss man durch schwierige Zeiten gehen, aber genau diese Erfahrungen lassen uns im Leben wachsen. Ein Gläubiger zu sein bedeutet, nicht blind einer Religion zu folgen, sondern eine Beziehung zu Gott entstehen zu lassen und eine Herzenseinstellung auszubilden, die wir dann in inniger Gemeinschaft mit Gott bewahren. Wo auch immer du hineingeboren wurdest, sollte dich nicht davon abbringen, deinen Weg zu suchen und zu gehen. Sobald du frei wirst von allen äußeren Einflüssen und weißt, wer du bist, bist du auf deinem Weg. Kein Weg ist dabei besser als der andere: Die Behauptung, dass es nur eine wahre Religion gäbe, ist aus Stolz, Engstirnigkeit und dem Mangel an Toleranz gegenüber anderen entstanden. Gott wirkt auf der ganzen Welt durch Menschen.

Wie auch immer du ihn nennen magst: lässt du dich von der Liebe führen, kommst du am schnellsten voran.

Die Basis meiner Arbeit

Es ist kaum zu glauben, wie viele Denominationen und unabhängige Gemeinden es heutzutage gibt. Und doch gibt es nur eine Bibel, die eine von vielen Botschaften Gottes mitteilt. Aber aufgrund von Stolz und Engstirnigkeit hat sich mit der Zeit eine solche Vielzahl von Gemeinden und Gruppierungen herausgebildet, sogar verschiedene Bibelübersetzungen, passend zum jeweiligen Verständnis der Glaubensgemeinschaft.

Mir ist klar geworden, dass keine dieser Gruppierungen zu einhundert Prozent richtig liegt. Die meisten Dinge, um die wir uns streiten, sind nebensächlich. In **Matthäus 23,24** sagt Jesus zu den Pharisäern, dass sie jede kleine Mücke aus ihrem Essen fischen, aber dafür ganze Kamele verschlucken. Sie nahmen es so genau mit den kleinen Dingen, dass sie gar nicht mehr dazu kamen, sich um die wirklich wichtigen Dinge zu kümmern und das große Ganze zu sehen.

Solange wir es zulassen, dass Vorurteile, Hass und Spaltung in unserem Leben Raum finden, werden wir genau diesen niemals Einhalt gebieten können. Übereinstimmung und Einheit in der Liebe Christi haben die Macht, Vorurteile zu überwinden. Die Liebe ist stärker als jede kritische, Uneinigkeit stiftende Haltung.

Ich entschied mich als Grundlage für dieses Buch für die „**Gute Nach-**

richt Bibel (GNB)" von der Deutschen Bibelgesellschaft (Quelle: 1), weil sie sich besonders gut eignet für junge Menschen, die mehr über die Geschichte der Bibel erfahren und sie besser verstehen wollen.

Über die App (www.die-bibel.de/app) kannst du gezielt Verse abrufen und nachlesen. Auch Vergleichsstellen zeige ich dir auf, die von einer Bibelstelle aus dem Evangelium auf eine verwandte andere Bibelstelle aus dem Alten Testament hinweisen. Du findest sie ganz unten auf der jeweiligen Seite und im Text zeigt eine kleine hochgestellte Ziffer die Verbindung an.

Ich habe das alte Evangelium gelesen und mit neuen Ausgaben verglichen. Da die alten Bücher schwer zu verstehen sind, entschied ich mich für eine zeitgemäßere Version. Auch meine Erklärungen sollen nur eine Stütze sein, um ein eigenes Verständnis zu erlangen. Wenn du in der Liebe bleibst, kannst du es nicht falsch deuten. Mach dir dein eigenes Bild davon.

Der Weg, den ich erst gehen musste

Es begann 2017. Auf der Suche nach dem Sinn meines Lebens hat mich Gott durch verschiedene heilige Schriften geführt: die Tora, die Bibel, den Koran und die Bhagavadgita. Doch lesen allein reichte nicht, ich musste anfangen, die Inhalte auch zu verstehen. Ich war von etlichen Glaubenssätzen geprägt und es war ein Lernprozess, von allen Vorurteilen und Verurteilungen abzukommen. Meine innere Stimme ließ mich nach weiteren Büchern suchen und da stieß ich auf Henoch (im Koran: Idris, in der Tora: Chanoch). Über ihn wurde in allen drei Schriften dasselbe berichtet, nämlich dass Henoch mit Gott eine tiefe spirituelle Beziehung gehabt habe und dass Gott ihn von der Erde geholt habe, ohne dass er dafür sterben musste. Er schrieb über seine Erlebnisse in der unsichtbaren Welt und mit den Engeln, die im Auftrag Gottes zu ihm kamen.

So wurden es 366 Bücher, die zwischen dem dritten und vierten Jahrhundert angeblich fast alle zerstört wurden, außer Teile des Henoch-Buches, das im Jahre 1948 in den Höhlen von Qumran gefunden wurde. (Quelle: 2)

Gott sorgte dafür, dass die Menschen nicht alles vernichten konnten, und wer weiß, ob sich da nicht irgendwo noch mehr versteckt und darauf wartet, gefunden zu werden.

Meine innere Stimme führte mich zu weiteren Büchern, denn ich wusste, dass das noch nicht alles war, was ich erfahren sollte. So stieß ich auf „Die Jesus Botschaften" von Paul Ferrini, die Autobiografie von Gandhi, die „Bhagavadgita", und zwar in Form einer zeitgemäßen Version für westliche Leser von Jack Hawley und „Gespräche mit Gott" von Neale Donald Walsch. All diese Bücher waren nötig, um herauszufinden, wer ich bin. Die Idee, dieses Buch zu schreiben, entwickelte sich erst nach zwei Jahren intensiven Studiums der Heiligen Schriften. Ich ging in keine Schule, denn dort wären mir nur fremde Deutungen und Meinungen gelehrt worden und ich wusste, dass ich so nicht weiterkommen würde. Ich verließ mich auf meine Intuition und vertraute darauf, dass ich meine Antworten in mir finden würde, denn die Antwort liegt stets in uns.

In der Zeit, in der ich mich intensiv mit diesen Büchern befasste, baute ich zu Gott eine persönliche Beziehung auf. Ich suchte ihn nicht mehr in den Religionen, sondern in meinem Inneren. Du brauchst nur deinen Glauben an Gott, der dir als Wegweiser dienen kann. Öffne dein Herz und lerne, jeden Menschen als Kind Gottes zu sehen. Damit schlägst du einen neuen Weg ein.

Ich möchte dich bestärken, diesen Weg zu gehen, auch wenn er nicht immer einfach ist. Auch ich bin immer noch in diesem Lernprozess und jeden Tag aufs Neue erinnere ich mich bewusst daran, dass ich Liebe in die Welt tragen will, um nicht zu vergessen, **WER ICH BIN**. Wer will nicht nach Hause kommen, wo die bedingungslose Liebe ist?

Letztendlich machte ich in meiner Entwicklung einen Sprung, als ich das Evangelium las – obwohl es auch in dieser Heiligen Schrift genügend Widersprüche gab, ließ ich mich nicht beirren. Früher hätte ich alles verworfen, aber zu diesem Zeitpunkt konnte ich am Weg der Liebe festhalten und meine Wahrheit erkennen.

Es ist oft notwendig, sich zu korrigieren und negative Gedanken zu verwerfen. Trotzdem glaube ich, dass wir vollkommen sind, und die einzige Hürde ist, dies zu erkennen. Wenn du dein neues Leben beginnen und deine Vergangenheit hinter dir lassen willst, werden Menschen dich angreifen und verurteilen, wenn du Fehler machst. Denn sie können es nicht ertragen, dass du es geschafft hast, deine Vergangenheit, egal wie sie ausgesehen hat, hinter dir zu lassen und in Freiheit deinen persönlichen Weg mit Gott zu gehen. Kümmere dich nicht darum, was andere Leute denken und sagen. Nimm es nicht persönlich, aber habe Mitgefühl mit ihnen – es wird dir helfen, mit Ablehnung zurechtzukommen.

Jemand, der gerade in einer schwierigen Phase steckt und Gott und der Welt an seinem schmerzhaften Dasein die Schuld gibt – und das tat ich auch – fragt sich sicherlich: „Wie soll mir das jetzt weiterhelfen?" Ich dachte genauso. 40 Jahre meines Lebens hat es gedauert, bis ich zuließ, dass Gott mein Leben verändern durfte. Als Kind verlor ich den Familienzusammenhalt, als Teenager tröstete ich mich mit Alkohol und Drogen, immer auf der Suche nach der bedingungslosen Liebe. Wir alle kennen das Gefühl, alles tun zu müssen, was von uns erwartet wird. Nie genug zu sein. Vielleicht fühlst du dich verstrickt in unterschiedliche Anforderungen und befindest dich in einem Teufelskreis, der undurchbrechbar scheint. Die Welt ist so laut und lässt dir keinen Raum für dich selbst.

Durch meinen tiefen inneren Schmerz achtete ich damals nicht auf meinen Körper, denn ich dachte über mich, dass ich nichts wert sei. Siehst du, wie wichtig unsere Gedanken sind? Das Resultat war, dass ich immer kränker wurde, bis meine innere Stimme sagte: „Du hast mich bis zur Klippe gebracht, aber springen lass ich dich nicht! Du hast eine Verantwortung!" Ich war am tiefsten Punkt meines Lebens angelangt und aus meinem Inneren kam eine nie gekannte Lebenskraft zum Vorschein, die alles verändern wollte. Ich musste lernen, neue Prioritäten zu setzen, musste mich an erste Stelle setzen, um zu heilen.

In dieser Welt wird uns Wandel nicht leicht gemacht. Du wirst möglicherweise angegriffen, weil du in den Augen der Menschen nicht mehr funktionierst. Lass dich davon nicht beirren. Der körperliche Heilungsprozess dauerte bei mir zwei Jahre. In dieser Zeit fand ich immer mehr zu mir und etwas in mir zog mich immer mehr zu Gott. Hast du schon einmal davon gehört, ein neues Leben von Gott geschenkt zu bekommen? Ich verstand das nicht, bis ich durch das Evangelium Jesus fand und durch Jesus Gott fand. Es gibt so viele Wegweiser auf dieser Welt, dass es für jeden Menschen einen Weg gibt, der letztendlich zu Gott führt. Nun verschwand all mein Seelenschmerz aus der Vergangenheit, ich wurde mit bedingungsloser Liebe überschüttet und fühle ich mich seitdem jeden Tag geliebt und mehr als gut genug. Das ist das neue Leben, das Leben an Gottes Seite. Das war mein Weg zu Gott und trotzdem konnte ich mich zu keiner Religion bekennen, denn dann hätte ich dieses Buch nicht schreiben können

Wenn ich mein Leben in der Rückschau betrachte, weiß ich, dass ich jetzt meinen Weg gefunden habe. Dieser Weg hat mich frei, glücklich und zufrieden gemacht und mein Herz für Mitgefühl, Verständnis und Liebe gegenüber anderen Menschen geöffnet, auch wenn sie mich angreifen. Anfangs ist es ein Kampf mit sich selbst, diese Menschen nicht zu verurteilen, aber es wird nachlassen. Wenn du jeden Tag mit Gott lebst, auf deine persönliche Art und Weise, ob mit Gebet oder Meditation, wirst du ihn hören und spüren können. Ich hätte das früher nie geglaubt, wenn ich diese Erfahrung nicht selbst gemacht hätte. Ob mit oder ohne Religion, jeder kann diesen Weg mit Gott gehen. Eine bestimmte Religion ist und war nie mein Weg, doch das bedeutet nicht, dass du in deiner Glaubensgemeinschaft deinen individuellen Weg zu Gott nicht finden kannst.

Lass die Wut und den Hass los, denn sie machen dich nur bitter, unzufrieden und letztendlich unglücklich. Beginne dein neues Leben und habe keine Angst vor dem Versagen. Gott liebt dich so wie du bist und durch ihn und deinen Impuls wirst du deine Bestimmung erkennen. Du brauchst keinem Menschen gefallen, denn vor Gott bist du mehr als nur gut genug.

Wo Liebe ist, kann das Böse nicht existieren!

Welches Wissen kann dir helfen?

Das Licht ist in uns allen

In jedem von uns ist ein göttlicher Funke, der im Unterbewusstsein verborgen liegt. Dieser Funke verbindet uns mit Gott. Gott hat zu jeder Zeit die Verbindung zu dir, aber um ihn zu spüren und hören zu können, musst du diese Verbindung zu ihm öffnen. Mach dir bewusst, dass du zu keinem Augenblick getrennt von Gott bist, befreie dich von allen weltlichen Umständen und öffne dein Herz für alle Menschen. *Dieser Funke verbindet uns auch mit allen göttlichen Lehrern in unserer Historie.*

Sowohl Krishna, Abraham, Moses, Konfuzius, Siddhartha Gautama, Jesus, Patanjali, Mohammed, Franz von Assisi als auch Baha'ullah, Rumi, Martin Luther, Ba'al Schem Tov, Josef Smith, Gandhi oder Paramahansa Yogananda hatten alle nur ein einziges Ziel: Den Aufbau eines Königreichs der Liebe in unserem Geist und Herzen. Diese Liste könnten wir ewig weiterführen.

„Die Aufspaltung in einzelne Religionen ist ein Relikt dieser Welt. Im Christusgeist, wo alle Wesen auf dasselbe Ziel hinarbeiten, gibt es solche Grenzen nicht." (Quelle: 3)

Jesus' Botschaft soll uns helfen, unsere Schuld aufzulösen und uns unserer Angst zu stellen. Jeder Mensch, der sich in Liebe und Vergebung für alle Wesen, einschließlich seiner selbst, übt, umarmt den Christen, den Juden, den Muslim und den Hindu. In einfachen Worten: Er sieht seinen Nächsten als seinen Bruder oder seine Schwester.

„Er versucht nicht, andere zu bekehren, sondern ruht fest in seinem eigenen Glauben. Er glaubt auch nicht, dass denjenigen, die sich für einen anderen Weg entscheiden", (Quelle: 4) getrennt von Gott sind. Ein wahrer Gläubiger weiß, dass Gott uns auf vielen Wegen nach Hause führen kann.

Die Lehre der Liebe in die Tat umzusetzen, erfordert all unsere Aufmerksamkeit, Energie und Hingabe. Vertraue auf den göttlichen Funken in dir, denn er wartet auf deinen Ruf, um endlich für alle sichtbar zu leuchten.

Wo finden wir unsere Wahrheit?

Schon weit vor unserem Zeitalter haben viele geistliche Lehrer uns ein und dieselbe Wahrheit offengelegt. Es liegt bei uns, sie zu erkennen.

In **Johannes 14,6** zum Beispiel sagt Jesus: „Ich bin der Weg, die Wahrheit und das Leben." Weiter heißt es in **Johannes 14,11–14**: „Glaubt doch, dass ich im Vater bin und der Vater in mir ist. Oder glaubt wenigstens aufgrund von dem, was ich getan habe. Ich versichere euch: Wer an mich glaubt, wird dieselben Dinge tun, die ich getan habe, ja noch größere, denn ich gehe, um beim Vater zu sein. Ihr dürft in meinem Namen um alles bitten, und ich werde eure Bitten erfüllen, weil durch den Sohn der Vater verherrlicht wird. Bittet, um was ihr wollt, in meinem Namen, und ich werde es tun!"

Was wollte Jesus uns damit sagen?
1. Dass sein Leben, also mit anderen Worten, seine Lehre, die er von Gott erhalten hat, der Weg ist. Dass Jesus uns zur Wahrheit führt und wir dadurch erkennen können, dass wir bereits ewiges Leben haben.
2. Wenn wir wissen, wer wir sind, können wir um alles bitten und es auch erhalten. Allein der Glaube ist dabei ausschlaggebend.

Der Geist Jesu hatte den direkten Zugang zu Gott, er wusste, wer er war und wer er in Gott war. Aus diesem Grund konnte er all seine Wunder in Zusammenarbeit mit Gott vollbringen. Jesus' Seele kam, um diese Erfahrung zu machen und der Welt eine Tür zu öffnen. Wie Jesus mit klaren Worten in **Lukas 17,20** sagte: „Denn das Reich Gottes ist in euch."

Wir alle sind hier, um unsere Erfahrungen zu machen und jede einzelne Seele kommt bereits mit ihrer Aufgabe auf die Erde. In unserer Lebenszeit bekommen wir die Gelegenheit zu erkennen, wer wir sind.

Meistens geht diese Erkenntnis im Leben eines Menschen mit Gottes Offenbarung einher. Und ob es uns gefällt oder nicht: Wir brauchen die Gegensätze! Ohne das Böse könnten wir das Gute nicht erkennen.

Dazu passt die Geschichte von Paulus, der Jude war und in der Zeit nach Christus alle, die an ihn glaubten mit großem Engagement verfolgte, um sie zu vernichten. Paulus war davon besessen. Aus welchen Gründen auch immer – vielleicht beteten die Menschen dafür – offenbarte Gott sich Paulus eines Tages. Dadurch begann er ein neues Leben, wurde zum Apostel und damit auch ein Verfolgter. In einem seiner Briefe, die in der Bibel nachzulesen sind, schrieb er im **ersten Korintherbrief 12,6:** „Gott wirkt auf verschiedene Weise in unserem Leben, aber es ist immer derselbe Gott, der in uns allen wirkt." Möchtest du mehr über Paulus lesen? Seine Geschichte findest du hier: www.die-bibel.de/bibel/GNB/GAL1 (**Galater Brief 1–6**).

Warnung vor falschen Lehrern

In den Heiligen Schriften wird immer wieder vor falschen Lehrern. Sei daher wachsam, aber sehe nicht in allem das Böse! Egal wie vorsichtig du bist, es wird immer Menschen geben, die es beherrschen, dich zu täuschen.

Wenn du die Falschheit erkennst, greife sie nicht an, sondern bewahre einen klaren Geist. Lass dich nicht verleiten, wütend zu werden, denn Gerechtigkeit findest du nur bei Gott und nicht in dieser Welt. Wähle deine Gedanken mit Bedacht und lege alles, was du nicht ändern kannst, in Gottes Hand. Nur so bewahrst du deinen inneren Frieden.

Dein Selbstwert hängt nicht von deinen Umständen ab!

Bedingungslose Liebe existiert nicht

Wir kennen das alle von klein auf: Wenn du richtig handelst, wirst du gelobt und wenn du falsch handelst, wirst du bestraft.

„Du bist von klein auf darauf konditioniert worden, dich nur dann zu

achten, wenn die Menschen positiv auf dich reagieren. Du hast gelernt, dass Selbstwert von außen kommt. Wenn wir dem verletzten Wesen in uns Liebe schenken wollen, beginnt der Lernprozess damit den Gedanken zu verwerfen, dass unser Selbstwert davon abhängt, wie andere auf uns reagieren. Während des Heilungsprozess lernst du, dir die bedingungslose Liebe zu schenken, die du von niemanden erhalten hast und verbindest dich mit der Quelle der Liebe, die in dir selbst ist." (Quelle: 5)

Was oder wer ist die Quelle der Liebe? Wen könntest du mit diesen Worten beschreiben oder benennen? Gib ihm selbst einen Namen!

Schuld

Den Teufelskreis der Schuld kannst du nur durchbrechen, wenn du damit aufhörst, andere zu beschuldigen. Begegnet dir ein Mensch, zeigt er dir im Konflikt, was du von dir selbst glaubst. In dem Moment, in dem du damit aufhörst, jede Person als Spiegel zu benutzen, gibst du das Spiel des Projizierens auf.

Eins ist sicher: Wenn du aus den Projektionen dieser Welt aussteigst, machst du dich angreifbar. Hab aber keine Angst davor, denn wenn du deinen Weg gefunden hast, wirst du die Kraft haben, damit umzugehen.

Selbstvergebung

Fokussiere dich auf deine eigenen Gedanken und du wirst nicht nur herausfinden, dass Schuld die Wurzel allen Leidens ist, sondern auch, dass es sehr wichtig ist, sich selbst zu vergeben. Ohne Selbstvergebung wirst du dich nicht von der Schuld befreien können.

Vergebung

Wenn dich ein Unrecht trifft, dann vergebe. Du vergibst nur einmal und du befreist dich damit mit einem Schlag. Verbleibst du im Groll, arbeitet er ständig in dir und vergiftet dich von innen heraus. Alles wird anstrengend und du findest keine Ruhe in dir. Lass dich nicht von der Wut leiten, sondern lege all die Ungerechtigkeit dieser Welt ab. Wenn du versuchst, mit Gewalt zu deiner Gerechtigkeit zu kommen, wirst du wieder in das Rad des Leidens verstrickt.

„Bete für die, die sich gegen dich vergehen. Binde sie nicht an dich mit Gedanken der Vergeltung, sondern lass sie sanft in Vergebung frei." (Quelle: 6)

Realisiere, dass du dich damit selbst befreist. Das wird dir inneren Frieden bringen.

Liebe deinen Nächsten wie dich selbst

„Nimm deinen Nächsten genauso wichtig. Opfere dich nicht für ihn auf und bitte ihn auch nicht, sich für dich aufzuopfern, sondern hilf ihm, wenn du kannst, und nimm seine Hilfe dankbar an, wenn du sie brauchst. Dieser einfache und würdevolle Austausch entspringt einer Haltung der Liebe und Akzeptanz. Die Freiheit deines Nächsten ist ein Symbol für deine eigene. Versuchst du die Liebe zu kontrollieren, verknüpfst du Liebe mit Bedingungen, dadurch erhältst du Bedingungen und nicht Liebe. Du begegnest der Form, nicht dem Inhalt." (Quelle: 7)

Lerne aus deinen Fehlern

Die meisten gehen nicht offen mit ihren Fehlern um. Sie verschleiern und verdrehen alles, bis der Fehler ihrer Meinung nach kein Fehler mehr ist. Doch dein Gegenüber wird dir das nicht glauben. Du hast die Freiheit, aus den Erfahrungen zu lernen, die du machst. Sicherlich kannst du dich weigern aus ihnen zu lernen, aber wo führt dich diese Entscheidung hin? Sie bringt dich zurück in das Rad des Leidens. Du kannst dich für das Beenden des Leidens entscheiden, indem du deine Erfahrung akzeptierst und aus ihr lernst. Nimm dein Leben an, wie es ist, korrigiere dich und dein Denken kommt in Einklang mit deinem Inneren. Du wirst überrascht sein, was für eine Befreiung du erleben wirst, wenn du beginnst, dir selbst und anderen Fehler einzuräumen und die Möglichkeit erhältst, daran zu wachsen.

Hältst du an deinen Fehlern fest?

Was auch immer du gedacht, gesagt oder getan hast, trage es nicht dein Leben lang mit dir herum, weil du glaubst, dass es in Vergessenheit gerät. Vielleicht werden viele Dinge tatsächlich vergessen, aber auch nur, weil deine Mitmenschen sie losgelassen haben. Dein Unterbewusstsein wird es jedoch abspeichern, bis du bereit bist es zu löschen. Nimm deinen Mut zusammen und lege für dich selbst die Beichte ab. Wen auch immer du dafür wählst, kümmere dich nicht darum, was die Leute von dir denken. Deine Beichte gibt auch anderen Menschen die Möglichkeit, ihre eigenen Fehler mit Mitgefühl zu betrachten. Du brauchst auch keinen offiziellen Geistlichen, um dich zu befreien. Jeder, der die Entscheidung trifft, umzukehren, begibt sich langsam auf den Weg nach Hause. Du wirst von Gott durch jede Phase begleitet und dazu gehört auch, dass du alles auf den Tisch legst, was nicht gut in deinem Leben lief. Es reicht leider nicht, es zu wissen, ohne sich bewusst damit auseinanderzusetzen.

„Beseitige die Hindernisse von Konkurrenz, Neid und Gier, die den Fluss der Liebe in deinem Herzen blockieren. Gestehe deine Ängste, deine Unvollkommenheit, deine Verfehlungen" (Quelle: 8) und deinen Zorn ein. Bringe deine geheimen Gedanken und Gefühle ans Licht. Es gibt keinen Fehler, der nicht korrigiert werden könnte und keine Verfehlung, die nicht vergeben werden könnte.

Lass die Perfektion los

Wir Menschen sind ständig auf der Suche nach dem perfekten Job, der perfekten Beziehung, dem perfekten Leben. Strebst du danach, wirst du nur Frustration ernten. Perfektion kann dir diese Welt nicht bieten, sie bietet dir nur eine Gelegenheit zu wachsen und dich zu ändern. Die Welt befindet sich in einem ständigen Wandlungsprozess, nichts ist von Dauer. Das Einzige, was sie dir bieten kann, ist Vergänglichkeit, Wachstum und Veränderung.

Lerne, in dich hineinzuhören

Was tust du, wenn du ein Problem lösen musst? Die meisten verschwenden ihre Zeit damit, außerhalb nach Lösungen zu suchen. Aber die Antwort findest du in dir: Höre in dich hinein und gib dir die Chance, zu dir selbst zu finden, zur Ruhe zukommen, tief durchzuatmen und einfach alles loszulassen. Dein Kopf muss frei sein, dann wird auch die Antwort zu dir kommen. Meditation ist eine Möglichkeit, deine Mitte zu finden, die Verbindung zu dir selbst. Lass deine Ängste los und vertraue darauf, dass alles so kommt, wie es kommen soll. Andere finden Zuversicht und Hoffnung in einem Gebet, das ebenso eine Option ist, zu sich zu finden. Ich höre schon den einen oder anderen sagen: „Ich habe keine Zeit!", aber das ist nicht die Wahrheit. Du nimmst dir nicht die Zeit, weil du eine Tasche voll mit Ausreden mit dir herumträgst. Höre damit auf, dich selbst zu belügen, es wäre ehrlicher zu sagen: „Ich tue mir schwer, einen Anfang zu finden!". Und es reicht nicht, dir zu wünschen, dass dein Leben besser wäre. Selbstmitleid bringt dich nicht weiter. Steh auf und trage die Verantwortung für dein Leben! Denn du hast einen freien Willen und entscheidest, welchen Weg du gehen willst.

Realisiere, dass du die Tür zu jeder Zeit öffnen kannst!

Wenn du zu Gott zurückfinden willst, musst du deine eigenen Spuren zurückverfolgen bis zu dem Punkt, an dem du entschieden hast, dich von ihm zu trennen. Der einzige Weg zurück ist, Gott wieder Raum in deinem Leben zu geben. Dann wirst du die Welt und alle Menschen darin mit anderen Augen sehen können.

Es gibt noch andere Türen

„Gottes Gaben sind nicht dazu da, die Erwartungen deines Ego zu erfüllen." (Quelle: 9)

Sie sollen dir helfen, dich zu deiner wahren Bestimmung zu führen. Manchmal schließt sich eine Tür und du verstehst nicht warum.

„Erst wenn sich die richtige Tür öffnet, wirst du wissen, warum die andere verschlossen wurde." (Quelle: 10)

Dankbarkeit

Dankbarkeit ist die Entscheidung, die Liebe Gottes in allen Dingen wahrzunehmen. Kein Mensch, der sich dafür entschieden hat, kann unglücklich sein. Wenn du dich jeden Tag daran erinnerst, dass du Gott unfassbar dankbar bist, für alles, was er dir zukommen lässt, entsteht Freude, die dein Herz wärmt. Es liegt an dir, ob du in den Ereignissen deines Lebens das Positive erkennen kannst. Schau ganz genau hin: In allem steckt etwas Schönes.

Vor einiger Zeit trennte mich ein Ereignis von einem unzufriedenen und hasserfüllten Menschen. Ich versuchte, diese Person mit meiner positiven Einstellung zu stützen, aber ich konnte nichts bewirken. Im Gegenteil, ihr Zorn richtete sich gegen mich. Wenn ein Mensch voller Wut und Neid ist, kann dieser die Freude des anderen nicht ertragen. Doch was mir widerfahren war, hatte auch etwas Gutes: Ich erkannte, dass ich mich so sehr verändert hatte, dass ich trotzdem Mitgefühl empfinden konnte für diesen Menschen. So lernte ich loszulassen, wenn ich zu keiner Veränderung mehr beitragen konnte.

Sobald du dich weigerst, Opfer oder Täter zu sein, finden die Verletzungen und Vergehen dieser Welt ein Ende. Ich war lediglich dankbar, weil mich Gott von dem trennte, was mich am Weitergehen gehindert hatte. Diese Erfahrung half mir zu erkennen, zu wachsen und dankbar zu sein. Denn alles liegt im Auge des Betrachters.

„Jeder Mensch erntet die Früchte der Gedanken, die er gesät hat. Und wenn er will, dass seine nächste Ernte anders ausfällt, muss er

die Gedanken ändern, die er in diesem Moment denkt.” (Quelle: 11)

Gottes Botschaften

Alle Menschen sind etwas Besonderes. Denke einmal darüber nach und nimm es in diesem Moment als die Wahrheit in dich auf.

„Viele Menschen haben sich entschieden zu glauben, dass Gott auf besondere Weise und nur mit auserwählten Menschen kommuniziert.” (Quelle: 12)

Dieser Glaubenssatz nimmt die Menschen aus der Verantwortung, seine Botschaft selbst zu hören, geschweige denn sie umzusetzen.

In den Heiligen Schriften findest du einige Aussagen darüber, dass wir einen göttlichen Funken in uns tragen und zu jedem Zeitpunkt mit Gott verbunden sind. Wenn das alles der Wahrheit entspricht, warum leben wir es nicht? Warum beschränken wir uns auf unseren Körper, der nur die Hülle ist? Wenn doch Gott in uns ist und wir in Gott sind, steht uns die Tür dann nicht zu jeder Zeit offen, um unser Leben in vollen Zügen zu genießen?

Die Wahrheit ist in dir

Höre nicht auf andere, ob es nun Geistliche oder Heilige Schriften sind – *auch nicht auf mich!* Andere sind keine maßgeblichen Quellen.

„HÖRE AUF DEINE GEFÜHLE, deine erhabensten Gedanken, deine Erfahrung. Wenn sich irgendetwas von dem unterscheidet, was dir deine Lehrer erzählt haben oder du in Büchern gelesen hast, dann vergiss die Worte. Worte sind die am wenigsten zuverlässigen Wahrheit-Lieferanten.” (Quelle: 13)

Ein Leben voller positiver Worte

In Der Brief von **Jakobus 3,6** (GNB) steht: „Auch die Zunge ist ein Feuer. Sie ist eine Welt voller Unrecht und beschmutzt den ganzen Menschen. Sie setzt unser Leben von der Geburt bis zum Tod in Brand mit einem Feuer, das aus der Hölle selbst kommt."

Negative Aussagen beginnen mit negativen Gedanken. Früher waren meine Gedanken negativ und dadurch wurden auch meine Aussagen pessimistisch. Das wirkte sich auf mein Leben aus. Eines Tages beschloss ich, mein Verhalten zu ändern und nicht mehr auf diese Weise zu reden. Nach einiger Zeit merkte ich, dass das nicht reicht. Ich musste anfangen, meine Gedanken zu wandeln! Unsere negativen Gedanken bringen uns dazu, Worte auszusprechen, die unsere Zukunft beeinflussen. Wenn wir die falschen Dinge sagen, kann das wie ein Feuer in unserem Leben sein. Wir können den Brand verhindern, indem wir Gedankenhygiene betreiben und so unsere Worte ins Positive umkehren.

Gebrauche deine Autorität

Im Evangelium von **Lukas 10,19** (GNB) steht: „Ja, es ist wahr. Ich habe euch Vollmacht gegeben, auf Schlangen und Skorpione zu treten und die ganze Macht des Feindes zunichtezumachen. Er wird euch nicht das Geringste antun können."

Hier sagt Jesus uns, dass er uns alles gegeben hat, um die Welt so zu verändern, wie er es getan hat. Wir werden immer wieder mit herausfordernden und schwierigen Situationen konfrontiert. Doch Jesus versichert uns, dass nichts uns etwas anhaben kann, wenn wir richtig damit umgehen, nämlich so wie er! Begegne dem Leben ruhig und zuversichtlich.

Der Glaube gibt dir die Kraft

Jesus hat uns nie versprochen, dass wir keinen Belastungen ausgesetzt sein würden. Im Evangelium von **Johannes 16,33** (GNB) hat er gesagt:

„In der Welt wird man euch hart zusetzen, aber verliert nicht den Mut: Ich habe die Welt besiegt!" Dieser Vers sagt uns, dass wir und unsere Mitmenschen uns keine Sorgen machen müssen. Die Kraft, die du dazu brauchst, um Mut und Vertrauen zu erlangen, ist in dir. Durch deinen Glauben, dass Gott immer gegenwärtig ist, wird er deinen Ruf hören.

Brich aus dem Muster aus

Im Evangelium von **Johannes 1,11** (GNB) steht: „Mein Lieber, nimm dir nicht das Schlechte zum Vorbild, sondern das Gute! Wer Gutes tut, stammt von Gott. Wer Schlechtes tut, hat ihn nie gesehen."

Manche der Menschen, mit denen wir regelmäßig zu tun haben, sind darauf bedacht, dass wir uns ihnen anpassen. Wir sollen ihnen äußerlich oder in unserem Charakter entsprechen und uns so verhalten, wie ihre Trends und Gewohnheiten es vorgeben.

In **Der Brief an die Römer 12,2** (GNB) heißt es: „Passt euch nicht den Maßstäben dieser Welt an ..." Die Menschen werden immer versuchen, uns in ihr Schema zu pressen. Das liegt zum Teil an ihrer eigenen Unsicherheit. Sie fühlen sich besser bei dem, was sie tun, wenn noch andere das Gleiche tun. Nur wenige Menschen können wahrhaft sie selbst sein und andere auch sie selbst sein lassen.

Kannst du dir vorstellen, wie schön es auf der Welt wäre, wenn wir dazu in der Lage wären? Wenn jeder sich seiner selbst sicher wäre und außerdem andere so stehen lassen könnte, wie sie sind? Dann müssten wir uns nicht krampfhaft anpassen und uns gegenseitig nachahmen.

Was denkst du über dich?

Im Evangelium von **Matthäus 12,37** (GNB) steht: „Aufgrund deiner eigenen Worte wirst du dann freigesprochen oder verurteilt werden." Sage oder denke niemals auf folgende Art und Weise über dich: „Ich mache nie etwas richtig. Ich sehe schrecklich aus. Ich bin dumm. Wer kann mich schon lieben?"

So wie du über dich denkst, so bist du. Anders ausgedrückt: Was wir über uns sagen und denken, zeigt unsere Einstellung zu uns selbst und beeinflusst unser Leben. Sprich gute Dinge über dich selbst aus, auch wenn du sie zunächst nicht glaubst. Dadurch entwickelst du eine innere Zuversicht und begreifst mehr und mehr, wer du wirklich bist. Schau in den Spiegel und sehe dein Inneres und nicht deine äußere Hülle. Gott hat dich wunderschön und einzigartig gemacht. Gott liebt dich und du bist mehr als gut genug.

Gott ist unveränderlich

In **Maleachi 3,6** (GNB) heißt es: „„Nein, ich habe mich nicht geändert', sagt der Herr,…"

Warum denken wir manchmal: „Das wird sich nie ändern" oder „Meine Situation wird sich nie ändern"?

Der Einzige, der sich nicht verändern wird, ist Gott. Alles andere kann sich ändern. Wer jedoch keine Hoffnung hat, dass sich an seiner Situation etwas ändern wird, erlebt wahrscheinlich auch keine Verbesserung. So oft ertragen wir Dinge, die wir eigentlich nicht aushalten müssten. Anstatt auf Gott zu hoffen, starren wir auf die Umstände, die wir nicht in der Hand haben. Hier ist die gute Nachricht: Du kannst dich am Leben erfreuen, wenn du es willst. Aber du musst fest glauben, dass es Gottes Wille für dich ist, echte Freude zu haben. Denn dein Wille ist auch Gottes Wille. Entscheide dich, in dieser Freude zu leben. Sie ist wichtig für deine körperliche, geistige und emotionale Gesundheit. Gott verändert sich nicht, aber er kann dich verändern, wenn du ihn lässt.

Lebe nicht in der Vergangenheit

In **Der Brief an die Römer 10,11** (GNB) heißt es: „So steht es ja in den Heiligen Schriften: Wer ihm glaubt und auf ihn vertraut, wird nicht zugrunde gehen."

Manche Menschen empfinden eine tiefe Scham in Bezug auf sich selbst. Bei mir war das früher auch der Fall. Das kann zu vielen komplexen Problemen führen, wie Depression, Einsamkeit, Isolation und Entfremdung. Die unterschiedlichsten Arten von Abhängigkeiten haben ihre Wurzeln in Scham: Drogen, Alkohol, Essstörungen wie Bulimie, alle möglichen sexuellen Perversionen – man könnte die Liste endlos fortsetzen. Auch Arbeitssucht lässt sich bei manchen Menschen auf Scham zurückführen. Es gibt Leute, die so arbeitssüchtig sind, dass sie ihr Leben nie genießen können. Wenn sie nicht Tag und Nacht arbeiten, haben sie das Gefühl, nutzlos zu sein. Einigen von euch geht es vielleicht so wie mir früher: Ich kam nie zur Ruhe, denn alles um mich herum musste perfekt sein, weil mein Inneres aus purem Chaos bestand. Das führt selbstverständlich zu großem Leid. Ich lebte in meiner Vergangenheit, denn die Fehler, die ich gemacht hatte, ließ ich nicht los. So schleppte ich sie wie einen Sack voller Steine auf meinem Rücken mit mir herum. Als ich Gott fand, befreite er mich von der Last, so konnte ich durch ihn mein neues Leben beginnen. Ich legte alles in seine Hände und verabschiedete mich von meinem alten Leben. Der Schlüssel war Vergebung: Als ich anfing, mir zu vergeben, konnte ich auch anderen leichter vergeben. Quält dich Scham, dann wird es Zeit, dich an die Wahrheit zu erinnern: Gott liebt dich, und wenn du an ihn glaubst, bei ihm bleibst, ihm vertraust und dich auf ihn verlässt, nimmt er dir deine Scham.

Öffne dein Herz dem Mitgefühl

Gott hat jedem von uns Mitgefühl gegeben. Aber es liegt an uns zu entscheiden, ob wir unser Herz dafür öffnen oder es verschließen. Wir können unsere Gedanken liebevoll auf die Menschen richten, die es nicht so gut haben wie wir und unsere Herzen für die öffnen, die leiden. Wenn jemand in Not ist, müssen wir nicht untätig bleiben und ohnmächtig zusehen: Jeder kann seinen Beitrag leisten, um die Welt ein bisschen besser zu machen, auch wenn wir nicht jedes Problem sofort lösen können. Aber das, was wir mindestens tun können, ist, anderen Menschen Hoffnung zu geben.

Wie sehe ich Gott heute?

Früher dachte ich, dass Gott mein Leben so wie es ist erschaffen hat. Aber heute habe ich ein ganz anderes Bild von Gott.

> *„Gott steht bereit, dir bei deinem Leben beizustehen, aber nicht so, wie du es vielleicht erwartest." (Quelle: 14)*

Ich sehe ihn als Beobachter, nicht als Schöpfer meines Lebens.

> *„Gott hat uns nach seinem Ebenbild erschaffen. Den Rest hast du erschaffen." (Quelle: 15)*

Durch unseren Glauben, unsere Gedanken und unseren Willen können wir unser Leben in die Richtung lenken, die wir uns wünschen. Wir sind der Schöpfer unseres Lebens.

> *„Gott hat den Lebensprozess und das Leben selbst, so wie du es kennst, erschaffen. Doch Gott hat dir auch die freie Wahl gegeben, mit deinem Leben das zu tun, was du willst. In diesem Sinne ist dein Wille für dich, Gottes Wille für dich." (Quelle: 16)*

Wo finden wir „Die Lehre der Liebe?"

Jesus ist einer der Menschen, der uns diese Lehre vorgelebt hat und sie auch uns lehren wollte. Als ich das Evangelium unter die Lupe nahm, fand ich die wichtigen Informationen zwischen den Zeilen! Du musst genau hinsehen und die Essenz herauskristallisieren, dann wirst du den wahren Kern finden.

Sie ist eine Lehre der Liebe, nicht der Furcht. Ein Teil seiner Worte wurde zwar richtig übermittelt, aber es entspricht nicht der Wahrheit, wenn Menschen euch glauben machen wollen, dass es einen rachsüchtigen Gott gibt. Gott ist mitfühlend und hilft uns in all unseren Lebenslagen.

Das Evangelium

Das Evangelium

In der Bibel, genauer gesagt im Neuen Testament, gibt es vier Evangelien, das Matthäus-Evangelium, Markus-Evangelium, Lukas-Evangelium und das Johannes-Evangelium.

Wir beginnen mit **Matthäus 5,1–12**, in welchem wir „Die Bergpredigt" finden. Ich halte sie für sehr wichtig, weil Gott uns in ihr mitteilt, über was wir uns alles freuen dürfen. Er möchte allen Menschen die Hoffnung und die Zuversicht schenken, dass alles gut wird, auch wenn sie in schweren Zeiten Leid durchleben müssen. Gott ist bei ihnen und ihr Glaube wird ihnen Stärke geben. Wir finden diese Geschichte auch in **Lukas 6,20–23**.

2 Er sagte:

3 „Freuen dürfen sich alle, die nur noch von Gott etwas erwarten. Mit Gott werden sie in seiner neuen Welt leben.

4 Freuen dürfen sich alle, die unter dieser heillosen Welt leiden. Gott wird ihrem Leid ein Ende machen.[1]

5 Freuen dürfen sich alle, die unterdrückt sind und auf Gewalt verzichten. Gott wird ihnen die Erde zum Besitz geben.[2]

6 Freuen dürfen sich alle, die danach hungern und dürsten, dass sich auf der Erde Gottes gerechter Wille durchsetzt. Gott wird ihren Hunger und Durst stillen.

7 Freuen dürfen sich alle, die barmherzig sind. Gott wird auch mit ihnen barmherzig sein.

8 Freuen dürfen sich alle, die im Herzen rein sind. Sie werden Gott sehen.[3]

9 Freuen dürfen sich alle, die Frieden stiften. Gott wird sie als seine Söhne und Töchter annehmen.

10 Freuen dürfen sich alle, die verfolgt werden, weil sie tun, was Gott will. Mit Gott werden sie in seiner neuen Welt leben.

---

[1] Jesaja 61,2–3 (700 v. Chr.)

[2] Psalm 37,11 (1000–300 v. Chr.)

[3] Psalm 24,3–4 (1000–300 v. Chr.)

11 Freuen dürft ihr euch, wenn sie euch beschimpfen und verfolgen und verleumden, weil ihr zu mir gehört.

12 Freut euch und jubelt, denn bei Gott erwartet euch reicher Lohn. So haben sie die Propheten vor euch auch schon behandelt."

Schauen wir uns einzelne Verse genauer an.

Beispielsweise sagt Jesus in **Matthäus 5,4**: „Freuen dürfen sich alle, die unter dieser heillosen Welt leiden. Gott wird ihrem Leid ein Ende machen." Was ist damit wohl gemeint? Jeder von uns hat diese Momente des tiefen inneren Schmerzes. Man glaubt, es zerreißt einen innerlich. Und genau dann, in einer solchen Situation, sollten wir IHN rufen, um uns davon zu befreien. Als ich dies das erste Mal tat, habe ich es nicht fassen können, wie sehr mein Glaube mir die Leichtigkeit zurückgeben konnte. Lass Gott die Quelle deines Trostes sein. Wenn du leidest, bitte ihn, dich zu trösten. Dann bleibst du in seiner Gegenwart, während er in deinem Innersten und an deinen Gefühlen arbeitet.

Und in **Matthäus 5,8**[4] sucht Gott Menschen mit reinem Herzen. In unserem innersten Wesen finden wir die Wahrheit. Ein reines Herz zu haben fängt im Inneren an, nämlich damit, dass wir auf unsere Gedanken achten, denn aus Gedanken werden Worte, Gefühle, Haltungen und Beweggründe. Die Reinheit des Herzens ist kein natürlicher Wesenszug. Die meisten von uns müssen daran arbeiten. Nimm die Herausforderung an, denn wir müssen ihr nicht allein begegnen. Es mag dir vielleicht schwer erscheinen, in dieser Welt ein reines Herz zu behalten, aber glaube daran, dass zur rechten Zeit alles zu dir zurückkommt. Wenn wir unseren Teil der Aufgabe übernehmen und der Wahrheit ins Gesicht sehen, sie annehmen und zulassen, dass sie uns verändert, dann wird Gott uns begleiten.

In **Matthäus 5,13–16** macht Jesus seinen Jüngern begreifbar, welche Aufgabe sie haben: Sie sollen ein Vorbild und Wegweiser sein für die Menschen, denen sie begegnen. In **Matthäus 5,13** sagt Jesus, dass wir

---

[4] Psalm 51,8 (1000–300 v. Chr.)

das Salz der Welt sind, aber wenn das Salz seinen Geschmack verloren hat, ist es unbrauchbar. Liebe ist wie dieses Salz: Ohne Liebe ist alles im Leben fade. Sogar Großzügigkeiten, die wir aus Pflicht und ohne ehrliche Liebe tun, erfüllen uns nicht mit Freude. Wahrhaftige Liebe gibt unserem Leben Kraft und Geschmack. Ein einfacher netter Satz kann den Tag deines Gegenübers besser machen. Doch zur Liebe gehört Einsatz, und manchmal werden wir nachlässig darin, sie weiterzugeben. Also wohin du auch gehen magst und wer dir auch begegnet, streu auf jeden etwas Salz, um dem Leben mehr Geschmack zu geben.

In **Matthäus 5,16** sagt Jesus: „Genauso muss auch euer Licht vor den Menschen leuchten. Sie sollen eure guten Taten sehen und euren Vater im Himmel preisen." Der irisch-britische Philosoph Edmund Burke soll gesagt haben: „Für den Triumph des Bösen reicht es, wenn die Guten nichts tun!" Wir alle beschweren uns manchmal über Dinge, die gerade nicht ideal verlaufen. Doch erinnere dich bewusst daran, dass sich durch Klagen nichts ins Positive verändern lassen wird. Jeder kann sein Licht leuchten lassen. Sei auch du ein Licht für andere.

In Matthäus **5,38–42**[5] wird darüber gesprochen, wie wichtig es ist, zu vergeben. Wie Jesus in **Matthäus 5,39** sagt: „Verzichtet auf Gegenwehr, wenn euch jemand Böses tut!" Jesus wollte uns begreifbar machen, dass Rache der falsche Weg ist. Sie führt zu bösem Blut und entfacht den Hass. Vergebung ist die einzige Möglichkeit, um inneren Frieden zu finden, ansonsten besteht unser Leben nur aus Unzufriedenheit und Wut. Negative Gedanken, Worte und Taten werden unser Leben auf lange Sicht zerstören.

In **Matthäus 5,43–48**[6] und **Lukas 6,27–35** wird erläutert, warum es so wichtig ist, seine Feinde zu lieben. In **Matthäus 5,43** sagt Jesus: „Ihr wisst, dass es heißt: Liebe deinen Mitmenschen; hasse deinen Feind."

---

[5] Zweites Buch Mose 21,24 (1440 v. Chr.); Drittes Buch Mose 24,19–20; Fünftes Buch Mose 15,9; Fünftes Buch Mose 19,16–21

[6] Drittes Buch Mose 19,18 (1440 v. Chr.)

Aber weiter geht es mit **Vers 44**[7] : „Ich aber sage euch: Liebt eure Feinde und betet für alle, die euch verfolgen."

Sei einmal ehrlich zu dir selbst: Wie einfach ist es, Menschen etwas Gutes zu tun, die du liebst? Und wie schwer ist es dagegen, Menschen trotz ihrer Böswilligkeiten verständnisvoll zu begegnen? Es ist eine große Herausforderung, was Jesus von uns fordert. Nimm dir für jeden Tag vor, freundlich und geduldig mit deinen Mitmenschen zu sein, auch wenn sie kaum Akzeptanz oder Respekt aufbringen können. Für solche Menschen Verständnis aufzubringen, ist eines der schwierigsten Dinge im Leben. Vor allem dann, wenn wir überzeugt sind, dass sie im Unrecht sind und Vergebung nicht verdient haben. Wenn du aber ohne Vorbehalte auf sie zugehst, dann gibt es die Möglichkeit, dass dein Gegenüber die Wahrheit über seine Einstellung und sein Verhalten erkennt. Nur wenn du den Ärger loslassen kannst, kann sich etwas in dir verändern du begegnest deinem Gegenüber mit Mitgefühl. Diese Menschen sind nicht böse, sondern verwirrt. Wenn du Menschen hasst, die dich verletzt haben, ist das, als würdest du Gift nehmen und hoffen, dass der Feind stirbt. Mit Hass verletzt du dich auf lange Sicht nur selbst. Warum solltest du dich dein Leben lang über Menschen ärgern, die vielleicht noch nicht einmal wissen, dass du ihnen grollst, oder denen es einfach egal ist? Diese Menschen freuen sich ihres Lebens, während du dich aufreibst. Das heißt nicht, dass du deinen Ärger unterdrücken musst, aber halte nicht an ihm fest. Nähre die Wut in dir nicht, denn letztendlich beschwert sie dich.

In **Matthäus 6,5–18** wird über falsche und wahre Frömmigkeit beim Beten und Fasten erzählt. **Vers 5–6** will uns sagen, dass wir unser Gebetsleben nicht offenlegen müssen, um andere damit zu beeindrucken. Aufrichtiges Beten „hinter verschlossener Tür" bewirkt, dass Gott auf großartige Weise antwortet. Jesus macht deutlich, dass es uns nichts bringen wird, wenn wir nur für Anerkennung in der Gesellschaft beten und fasten und nicht, weil wir wirklich glauben. Für die Menschen, die mit Gott eine Beziehung aufbauen wollen, ist Beten, Meditieren und

---

[7] Zweites Buch Mose 23,4–5

Fasten sehr wichtig. Es kann ein Bewusstsein dafür schaffen, wie sehr wir im Überfluss leben und oft vergessen, dass es Armut auf der Welt gibt und wir eine Verpflichtung haben zu teilen. Jeder Mensch ist dazu imstande, eine Verbindung zu Gott aufzubauen. Du musst nur die Bereitschaft haben, dich zu öffnen, dann kannst du die Stimme in deinem Inneren hören, die zu deinem Lebensberater werden kann.

In **Matthäus 6,19–37** und **Lukas 12,22–34** wird vom Verhältnis zum Besitz und den Sorgen, die dadurch entstehen, erzählt. In **Matthäus 6,19–21**[8] werden wir davor gewarnt, uns vom Materiellen blenden zu lassen. Das wahre Glück findest du im Herzen, denn da liegen die verborgenen Schätze des Lebens.

Machst du dir gerade um etwas Sorgen? Jesus weiß, wie erdrückend und zerstörerisch diese Grübeleien sein können, und rät uns in **Matthäus 6,25**: „Macht euch keine Sorgen um euer Leben, ob ihr etwas zu essen oder zu trinken habt, und um euren Leib, ob ihr etwas anzuziehen habt! Das Leben ist mehr als Essen und Trinken, und der Leib ist mehr als die Kleidung!"

Stattdessen riet er uns, Gott zu vertrauen (**Matthäus 6,25–34**)[9].

Es tut uns nicht gut, uns Sorgen zu machen. Wir verschwenden nur unsere Zeit, wenn wir über etwas nachdenken, das wir nicht ändern können. Obwohl es nichts bringt, machen wir uns dennoch oft Sorgen.

In **Matthäus 6,27** heißt es: „Wer von euch kann durch Sorgen sein Leben auch nur um einen Tag verlängern?" Jedes Mal, wenn wir uns aufregen, raubt uns das Energie, macht uns müde, schadet unserer Gesundheit und nimmt uns jede Freude. Wir sollten aufhören zu versuchen, Dinge verändern zu wollen, auf die wir keinen Einfluss haben.

Zum Abschluss sagt uns Jesus in Matthäus 6,34: „Quält euch also nicht mit Gedanken an morgen; der morgige Tag wird für sich selber sorgen. Es genügt, dass jeder Tag seine eigene Last hat."

Die Herausforderungen des heutigen Tages können wir annehmen

---

[8] Matthäus 6,19–20 Verbindung zu den Sprüchen 23,4–5 (950–720 v. Chr.)

[9] Matthäus 6,32 Verbindung zu Psalm 37,4; Psalm 37,25 (1000–300 v. Chr.)

und ihnen entgegentreten. Aber wir sollten uns nicht bereits mit denen des nächsten Tages belasten. Wenn wir das beherzigen, werden wir alles überwinden können, was uns im Leben begegnet.

Eine ähnliche Geschichte finden wir in **Lukas 12,13–21**, das von Sorgen um Reichtum und Absicherung der Zukunft handelt. Ich glaube, dass viele Menschen sich über ihre Zukunft sorgen. Jesus erzählt uns von zwei Brüdern, die sich um ihr Erbe gestritten haben. Daraufhin gibt er ihnen ein Gleichnis, mit dem er sie vor Habgier warnt. Wir vergessen oft, dass alles auf Erden nur geliehen ist und uns nichts wirklich gehört. Das Horten von Besitz führt zu dem Drang, immer mehr haben zu wollen, was zu keiner Zufriedenheit führen wird. Wenn wir uns in Dankbarkeit üben für alles, was wir in diesem Moment haben, wird es keine Rolle spielen, wie viel wir in Zukunft besitzen werden.

Matthäus 7,1–6 und **Lukas 6,36–42** behandeln das Thema der Verurteilung. Das Böse beschäftigt uns gern damit, nach Fehlern anderer zu suchen und sie zu verurteilen. Auf diese Weise müssen wir den Fokus nicht auf unsere eigenen Schwächen legen und werden auch nicht an ihnen arbeiten. Deshalb hat Jesus uns geraten, uns nicht mit fremden Fehlern zu befassen, solange wir selbst unvollkommen sind (**Matthäus 7,3–5**). Wir entscheiden selbst: Wir können andere liebevoll annehmen oder wir können sie verurteilen. Wenn wir verurteilen, nehmen wir die Liebe und werfen sie den Schweinen vor (**Matthäus 7,6**). Damit öffnen wir die Tür zu einer negativen Abwärtsspirale. Lasse nicht zu, dass sich in deinem Kopf kritische Urteile bilden. Mache dir stattdessen bewusst, dass Gott jeden von uns einzigartig gemacht hat und es in Ordnung ist, unterschiedlich zu sein. Erinnere dich immer wieder daran, dass die Meinung anderer Menschen nicht dein Thema ist. Natürlich können wir es nicht immer verhindern, unterschiedliche Ansichten zu haben, aber das ist auch nicht das Problem. Doch sobald wir denken, dass andere falsch sind, weil sie unsere Vorlieben nicht teilen, richten wir über sie.

Matthäus 7,2 bringt es auf den Punkt: „Denn euer Urteil wird auf euch zurückfallen, und ihr werdet mit demselben Maß gemessen werden, das ihr bei anderen anlegt."

In **Matthäus 7,7–11** fordert uns Jesus auf, volles Vertrauen zu Gott zu haben. In **Matthäus 7,7–8** und in **Lukas 11,9–10** sagt er: „Bittet, und ihr werdet bekommen! Sucht und ihr werdet finden! Klopft an und es wird euch geöffnet! Denn wer bittet, der bekommt; wer sucht, der findet; und wer anklopft, dem wird geöffnet." Bete mit offenem Herzen und teile ihm das mit, was für dich wichtig ist. Wie oft liegen wir die ganze Nacht wach und grübeln, dabei können wir unsere Sorgen in Gottes Hände legen und ihm vertrauen.

Betest du manchmal für eine bestimmte Angelegenheit in deinem Leben und wartest auf eine Veränderung? Wenn wir lange und intensiv für etwas beten und keine Antwort erhalten, finden wir uns manchmal mit der Situation ab und verlieren genau in diesem Moment unseren Glauben. Auch wenn nicht sofort etwas passiert, habe Vertrauen, dass der richtige Zeitpunkt dafür kommen wird.

In **Matthäus 7,12** stellt Jesus uns seine einfache Grundregel vor: „Behandelt die Menschen so, wie ihr selbst von ihnen behandelt werden wollt, das ist es, was das Gesetz und die Propheten fordern."

Wir verpassen vieles im Leben, wenn wir diese Regel nicht beherzigen. Vielleicht wartest du darauf, dass andere etwas für dich tun. Vielleicht weigerst du dich, einem Freund zu helfen, weil du willst, dass er dir zuerst hilft. So zu leben kann für das eigene Ego sehr bequem sein. Doch falscher Stolz wird dir nicht dabei helfen, dein Leben zum Positiven zu verändern. Denke an die oben genannte Regel, ergreife die Initiative und tue ganz uneigennützig etwas Gutes für andere – denn alles kommt zurück zu dir.

In **Matthäus 7,13–14** wird von einem schmalen Weg, der durch ein schmales Tor führt, gesprochen. Damit sind die steinigen Wege des Lebens gemeint, auf denen du Widerständen begegnest. Handle weise und lasse dich nicht von deiner Angst verleiten, den einfachen Weg zu gehen, der schön breit ist. Überwinde dich dazu, den Weg einzuschlagen, der zunächst schwierig erscheint. Im Rückblick wirst du feststellen, dass sich die Mühe gelohnt hat.

In **Matthäus 7,15-20**[10] werden wir vor falschen Propheten gewarnt und in **Lukas 6,43-45** wird der Mensch mit einem Baum, der Früchte trägt, verglichen. Beides beinhaltet dieselbe Botschaft: Wir sollten uns nicht vom Äußeren blenden lassen. Jesus lehrt, dass wir Menschen an ihren Taten erkennen können. Stell dir einen Baum vor, an dem all das Schlechte hängt, was ein seelisch kranker Mensch in seinem Leben hervorgebracht hat. Wenn du dir die Wurzel seines Lebensbaumes anschaust, wirst du Ablehnung, Missbrauch, Schuld, Scham und vieles mehr sehen. Wenn du an dir ungesunde, problematische Verhaltensweisen entdeckst, dann sind dies die schlechten Früchte dessen, was dein Denken und deine Prägungen verursacht haben. Möglicherweise wurdest du von Menschen in ein Bild hineingepresst, das sie von dir hatten. Vielleicht haben schlechte Vorbilder, denen du ausgesetzt warst, dich beeinflusst. Wenn dir immer und immer wieder gesagt wurde, dass etwas mit dir nicht stimme, du wertlos seist und es nie zu etwas bringen würdest, dann glaubst du das womöglich. Diese Botschaft wird dadurch verstärkt, dass du sie unbewusst in deinem Inneren ständig wiederholst, bis sie zu deinem Selbstbild gehört. So wirst du nach außen genau so, wie du dich selbst innerlich siehst. Deutet etwas in deinem Verhalten darauf hin, dass du eine Veränderung im Herzen brauchst? Die gute Nachricht ist: Gott kann dein Denken erneuern (siehe **Römer 12,2**). Das geschieht nicht von heute auf morgen. Aber Gott will, dass du gute Früchte trägst, und er wird dir dabei helfen, indem er durch seine Botschaft deine Gedanken verändert (siehe **Epheser 3,17**).

Reflektiere dich, denn dein Handeln zeigt dir, wer du bist! Was auch immer du nach außen zeigst, sollte mit deinem Inneren übereinstimmen. In **Lukas 6,45** wird es auf den Punkt gebracht: "…Denn wovon das Herz voll ist, davon redet der Mund!"

In **Matthäus 7,24-29** und **Lukas 6,46-49** erzählt uns Jesus das Gleichnis vom Hausbau, das verdeutlicht, wie seine Lehre uns beim Hausbau des Lebens helfen kann. Er will, dass wir unser Haus auf festem Grund bauen, sodass keine Flut von Problemen es wegreißen kann. Wenn du

---

[10] Matthäus 7,15-16 Verbindung zu Jeremia 23,16-17 (600 v. Chr.)

ohne Orientierung im Leben umherirrst, ist es, als ob du dein Haus auf Sand gebaut hast, und es zu jeder Zeit einstürzen kann. In **Matthäus 7,24** sagt er: „Wer diese meine Worte hört und sich nach ihnen richtet, wird am Ende dastehen wie ein kluger Mann, der sein Haus auf felsigem Grund baute." Wenn du beispielsweise dein Leben auf Lügen aufbaust, was wird unweigerlich passieren? Das Lügengerüst wird zusammenfallen, weil alles eines Tages ans Licht kommt. Baue dein Lebenshaus auf Ehrlichkeit und nichts kann dich zu Fall bringen.

In **Matthäus 15,10–20** versucht Jesus uns zu erklären, was den Menschen in Wirklichkeit unrein macht. Er bringt es auf den Punkt in **Vers 10 und 11**: „Hört zu und versteht! Nicht das macht den Menschen unrein, was er durch den Mund in sich aufnimmt, sondern das, was aus seinem Mund herauskommt!" Weiter erklärt er in **Matthäus 15,17–20** und **Markus 7,18–19** fast wortgleich: „Begreift ihr nicht, dass alles, was durch den Mund aufgenommen wird, in den Magen gelangt und dann vom Körper wieder ausgeschieden wird? Was aber aus dem Mund herauskommt, kommt aus dem Herzen, und das macht den Menschen unrein. Denn aus dem Herzen kommen die bösen Gedanken und mit ihnen Mord, Ehebruch, Unzucht, Diebstahl, falsche Zeugenaussagen und Beleidigungen. Das ist es, was den Menschen unrein macht, aber nicht, dass er es unterlässt, sich vor dem Essen die Hände zu waschen." Eine ähnliche Aussage finden wir in **Markus 7,14–23**. In **Markus 7,15** heißt es: „Nichts, was der Mensch von außen in sich aufnimmt, kann ihn unrein machen. Nur das, was aus ihm herauskommt, macht ihn unrein!" Durch seine Aussagen brachte er die Pharisäer auf, weil sie sich angesprochen fühlten, was seine Jünger sehr beunruhigte. Daraufhin fügte er in **Vers 14** hinzu: „Lasst sie reden! Sie wollen Blinde führen und sind selbst blind. Wenn ein Blinder den andern führt, fallen beide in die Grube." Dieselbe Geschichte finden wir auch in **Markus 7,1–8**, die von Gottes Gebot und menschlichen Überlieferungen handelt. In Markus **7,6–8** brachte Jesus es auf den Punkt, indem er den Prophet Jesaja zitierte: „Dieses Volk ehrt mich nur mit Worten, sagt Gott, aber mit dem Herzen ist es weit weg von mir. Ihr ganzer Gottesdienst ist sinnlos, denn sie lehren nur Gebote, die sich Menschen ausgedacht haben. Das Gebot

Gottes schiebt ihr zur Seite und haltet euch stattdessen an Vorschriften, die von Menschen stammen."

In **Matthäus 16,21–28** kündigt Jesus zum ersten Mal seinen Tod an und erklärt, warum wir seiner Lehre folgen sollen. Ähnliche Geschichten finden wir auch in **Lukas 9,21–27** und **Johannes 12,25–35**. Auf die Ankündigung, was ihn erwarten wird (**Matthäus 16,22**) war Petrus so aufgebracht, dass er ihn davon abbringen wollte, sich seiner Bestimmung hinzugeben. Aber was wäre passiert, wenn Jesus auf Petrus gehört hätte und vor seiner Bestimmung geflohen wäre? Er sagt uns ganz deutlich, dass wir ihm folgen sollen, es aber nicht leicht werden wird, weil die laute Welt uns ständig ablenken will vom Wesentlichen. Die Menschen, die behaupten, dass sie nicht so großartig wie Jesus sein können, indem sie ihn auf einen Podest stellen, wo sie ihn nie erreichen können, wollen sich nur vor dieser Verantwortung drücken. In **Johannes 14,12** sagt Jesus: „Wer im Glauben mit mir verbunden bleibt, wird die gleichen Taten vollbringen, die ich tue. Ja, er wird noch größere Taten vollbringen". Er wollte uns damit sagen, dass es der Glaube an sich selbst ist, der großartige Taten hervorbringen kann!

In **Matthäus 18,1–5** und **Lukas 9,46–48** suchten die Jünger nach Anerkennung bei Jesus mit der Frage: „Wer ist in der neuen Welt Gottes der Größte?" Er brachte sie schnell wieder auf den Boden, indem er in **Vers 3 und 4** sagte: „Ich versichere euch: Wenn ihr euch nicht ändert und den Kindern gleich werdet, dann könnt ihr in Gottes neue Welt überhaupt nicht hineinkommen. Wer es auf sich nimmt, vor den Menschen so klein und unbedeutend dazustehen wie dieses Kind, ist in der neuen Welt Gottes der Größte." Kleine Kinder besitzen noch Reinheit und denken nicht darüber nach, was sie sagen und tun dürfen, sie sagen und tun es einfach und sprechen deswegen immer die Wahrheit aus. So wie ein Kind sollen wir unsere reinen Herzen bewahren und nicht mit dem Strom der Welt mitschwimmen.

Dieselbe Geschichte um Gleichheit finden wir auch in **Markus 9,33–37**. Obwohl die Jünger Jesus schon so lange folgten und es eigentlich besser wissen müssten, musste Jesus sie immer wieder zurechtweisen. Sich selbst zu erhöhen, löst bei den Menschen Eifersucht und Neid aus, was wiederum zu bösen Worten und Taten führt.

Sokrates brachte es auf den Punkt: „Wer glaubt, etwas zu sein, hat längst aufgehört, etwas zu werden!" In **Markus 10,13–16**[11] und **Lukas 18,15–17** gibt es eine weitere Geschichte, in der Jesus Kinder zum Beispiel nimmt und seine Jünger erneut ermahnt. **Markus 10,15**[12]: „Wer sich Gottes neue Welt nicht schenken lässt wie ein Kind, wird niemals hineinkommen." Jesus betonte, wie wichtig es ist, kindlich zu glauben (**Lukas 18,17**). Kinder vertrauen leichter und vergeben schneller als die meisten Erwachsenen. Wie viel mehr könnten wir unser Leben genießen, wenn wir das Kind in uns erhalten?

In **Matthäus 19,16–30** erzählt Jesus von einem reichen Mann, der ihn fragte: „Lehrer, was muss ich Gutes tun, um das ewige Leben zu bekommen?" „Befolge seine Gebote", entgegnete Jesus ihm (**Matthäus 19,16**). Da der Mann das angeblich bereits tat, wollte er wissen, was er noch tun könne. Als er aber die Aufforderung erhielt, seinen Besitz mit den Armen zu teilen, ging er traurig weg. Es mag sein, dass er viele der Gebote einhielt, aber das Gebot in **Vers 19**: "…und liebe deinen Mitmenschen wie dich selbst", hielt er wohl nicht ein. Das bedeutet nicht, dass reiche Menschen nicht die Möglichkeit haben, Gott zu begegnen. Die Frage ist, was machen sie mit ihrem Besitz? Ist es ihnen wichtiger, ihren Reichtum zu vergrößern oder nehmen sie die Möglichkeit wahr, damit Gutes zu tun? Vers 30 bringt es auf den Punkt: „Aber viele, die jetzt vorn sind, werden dann am Schluss stehen, und viele, die jetzt die Letzten sind, werden schließlich die Ersten sein." In **Markus 10,17–31**[13] wird die gleiche Geschichte erzählt und vor der Gefahr des Reichtums gewarnt.

---

[11] Markus 9,36–37

[12] Matthäus 18,3–5

[13] Markus 10,19 Verbindung zu Zweites Buch Mose 20,12–17; Fünftes Buch Mose 5,16–20 und Markus 10,24 Verbindung zu Matthäus 7,13–14; Johannes 3,5–8

Kommen wir zurück zu **Matthäus 19,19**[14], denn dort liegen zwei wichtige Aussagen begraben: Eine der größten Schwierigkeiten der Menschen heutzutage ist, dass sie über sich selbst nicht gut denken. Sie brauchen die Aufforderung, sich selbst zu lieben. Uns selbst zu lieben ist genauso wichtig, wie andere Menschen zu lieben. Wenn du dich selbst nicht magst, wirst du es schwer haben, andere zu mögen. Du behauptest vielleicht, dass du sie magst, aber Behauptungen ändern die Tatsachen nicht. Früher oder später kommt die Wahrheit ans Licht.

Jeder soll ein Kraftwerk für die Welt sein und mit anderen ausgeglichen und in Harmonie leben können. Das Ziel ist, mit unserer Vergangenheit im Reinen, mit der Gegenwart zufrieden und im Blick auf die Zukunft sicher zu sein. Wir müssen in Liebe gefestigt, verwurzelt und geerdet sein, wie Jesus es vorgelebt hat. Dann können wir entspannt und gelassen sein in dem Wissen, dass Gott uns nicht aufgrund unserer Leistung liebt. Alle können sich sicher fühlen: Unser Wert hängt nicht davon ab, was wir selbst sind, tun, sagen oder denken. Unser Wert beruht auf dem, wer wir in Gott sind.

Aus diesem sicheren Wissen heraus können wir unsere Masken und Fassaden aufgeben. Stattdessen sind wir endlich frei: Unser wahres Selbst zu leben, so, wie wir sind. Das Wissen führt zu erfüllender Selbstliebe, und diese befähigt uns, auch andere zu lieben.

In **Markus 10,27** lässt er uns wissen: „Wenn es auf die Menschen ankommt, ist es unmöglich, aber nicht, wenn es auf Gott ankommt. Für Gott ist alles möglich."

Es gibt so viele begabte Menschen, die ihr Leben mit Nichtstun vergeuden. Warum ist das so? Sie trauen sich nicht, einen Schritt zu gehen und ihre Gaben, die sie erhalten haben, einzusetzen – weil sie nicht an sich glauben. Jeder von uns wurde mit Talenten und Fähigkeiten ausgestattet. Entdecke dein Potenzial und glaube an dich, dann wirst du den Plan für dein Leben erfüllen. Da unser menschliches Denken an Grenzen kommt, wenn wir auf etwas für uns Unmögliches stoßen, fühlen wir uns oft enttäuscht und verlieren die

---

[14] 2.Korintherbrief 5,17; Matthäus 19,18–19 Verbindung zu Zweites Buch Mose 20,12–16; Drittes Buch Mose 19,18; Fünftes Buch Mose 5,16–20.

Hoffnung. Wenn wir unser Vertrauen in Gott setzen, öffnet sich uns eine andere Welt, die wir aufgrund unserer eigenen Fähigkeiten nie für möglich gehalten hätten. Wenn wir aufgeben, verschließen wir die Tür für das Wunder.

In **Markus 2,13–17** und **Lukas 5,27–32** finden wir die Geschichte, in der Jesus Levi (Matthäus) beruft und mit den Zolleinnehmern isst. Daraufhin fragen sich die Pharisäer: „Warum ließ sich Jesus mit Leuten ein, die einen schlechten Ruf haben?" Er wollte uns damit zeigen, dass wir uns nicht von Menschen abwenden sollten, die noch nicht auf Gottes Weg sind. Im Gegenteil: lebe ihnen vor, wie du die Liebe in dein Leben integrierst, dann werden sie die Möglichkeit haben, deinem Licht zu folgen. **Markus 2,17** stellt er klar: „Nicht die Gesunden brauchen den Arzt, sondern die Kranken. Ich bin nicht gekommen, solche Menschen in Gottes neue Welt einzuladen, bei denen alles in Ordnung ist, sondern solche, die Gott den Rücken gekehrt haben."

Oft glauben wir, wir müssten unsere Schwächen verbergen und vorgeben, dass wir stark seien, und keine Hilfe bräuchten. Doch eine solche Einstellung trennt uns von uns selbst. Schäme dich deiner selbst und deiner Bedürfnisse nicht. Viele Menschen erreichen nie das Ziel, das für sie vorgesehen ist, weil sie ständig versuchen, etwas oder jemand zu sein, das oder der sie nie sein sollten. Gott will, dass wir einfach nur die sind, die wir sind. Wir müssen uns nicht mit anderen vergleichen oder messen. Wir alle haben Schwächen und Grenzen. Wenn wir vollkommen wären, hätte Jesus nicht auf die Erde kommen müssen.

In **Markus 2,23–28** erzählt uns Jesus, wie er über den Sabbat denkt, nachdem seine Jünger von den Pharisäern zurechtgewiesen worden waren, als sie verbotenerweise am Sabbat aus Hunger geerntet hatten. Ist es eine Sünde, aus Hunger zu arbeiten? Jesus erläutert seine Sicht in **Vers 27** mit den Worten: „Gott hat den Sabbat für den Menschen geschaffen, nicht den Menschen für den Sabbat." Jede Religion hat ihren Ruhetag, so wie den Sabbat. Wir sollten uns an einem Tag der Woche auf Gott besinnen und zur Ruhe kommen dürfen. Der Tag existiert zum Wohl des Menschen, erst Religionen und Dogmen haben daraus ein Gesetz gemacht. Aber die Welt besteht nicht nur aus Schwarz und Weiß. Folge deinem Herzen, dann siehst du Millionen von Farbtönen! Es ist zwar wichtig, dass der Mensch Kraft tankt für Körper und Seele, aber auch den Richtlinien nach seinen Möglichkeiten und Umständen folgt.

In **Markus 12,28-34** und **Lukas 10,25-28** wird über das wichtigste Gebot gesprochen und **Markus 12,29**[15] bis **31**[16] kristallisiert das Wichtigste heraus. Jesus sagte: „Das wichtigste Gebot ist dieses: Höre, Israel! Der Herr ist unser Gott, der Herr und sonst keiner. Darum liebt ihn von ganzem Herzen und mit ganzem Willen, mit ganzem Verstand und mit aller Kraft. Das zweite ist: Liebe deinen Mitmenschen wie dich selbst! Es gibt kein Gebot, das wichtiger ist als diese beiden."

„Wer ist denn mein Mitmensch?" wird Jesus weiter in **Lukas 10,29** gefragt. Daraufhin erzählt er die Geschichte vom barmherzigen Samariter (**Lukas 10,30-37**), der einem überfallenen Mann hilft. Bevor der Samariter vorbeikam, passierten zwei andere Männer den Weg, zuerst ein Priester und dann ein Tempeldiener, die achtlos an dem Verletzten vorbeigingen. Hätte man nicht von einem Priester oder Tempeldiener eher Hilfe erwarten können? Es ist immer nur die Hülle der Menschen, die wir sehen. Das Herz erkennst du am Handeln, so wie es beim Samariter der Fall war. Achte stets auf die Taten der Menschen und nicht, was sie durch Kleidung oder Worte vorgeben. Mach dir bewusst, dass jeder in der Lage ist, auf irgendeine Weise zu helfen, wenn Menschen in Not geraten. Allein die Bereitschaft, nicht wegzuschauen, sondern sich für andere einzusetzen, ist für unsere Gesellschaft von großer Bedeutung. Was genau könntest du tun? Erstens ist es wichtig, den Menschen in ihrer Notlage nahezukommen, um Trost zu spenden und festzustellen, was genau sie brauchen. Und zweitens: Mache dir bewusst, dass du möglicherweise nicht allen allein helfen kannst – vielleicht brauchst du noch weitere Unterstützung.

---

[15] Lukas 10,27; Fünftes Buch Mose 6,4–5

[16] Drittes Buch Mose 19,18

In **Lukas 7,36–50** geht es um Jesus, einen Pharisäer und eine Prostituierte.

Er will uns mit dieser Geschichte klar machen, dass unsere Vergangenheit nicht unsere Zukunft bestimmt. Die Frau, von der Lukas berichtet (**Lukas 7,37**), hatte eine belastende Vergangenheit. Dass diese Frau im Leben von Jesus vorkommt und dass in der Bibel von ihr berichtet wird, zeigt, dass Gott nicht nur Menschen mit einer reinen Vergangenheit in seinen Dienst nimmt. Wenn auch du keinen guten Start ins Leben hattest, heißt das nicht, dass du bis ans Ende so weiterleben musst. Die Frau wusch Jesus die Füße mit ihren Tränen, trocknete sie mit ihren Haaren und salbte sie mit einem kostbaren Öl (**Lukas 7,38**). Die anderen Gäste im Haus deuteten ihr Verhalten möglicherweise als erotisch, aber Jesus wusste, dass es eine Tat aus reiner Liebe war. Wenn wir eine unschöne Vergangenheit haben, deuten andere Menschen unser Verhalten oft falsch. Aus Scham suchen wir ihre Anerkennung und versuchen, sie davon zu überzeugen, dass wir es wert sind, dazuzugehören. Menschen vergessen die Vergangenheit nicht einfach so. Der Pharisäer konnte nicht verstehen, dass Jesus der Frau erlaubte, ihn auch nur zu berühren (**Lukas 7,39**). Jesus antwortete ihm, dass ihr viel vergeben worden sei und sie deshalb viel Liebe zeige (**Lukas 7,47**). Diese Frau wusste um ihre Vorgeschichte und wollte ihm daher das Kostbarste geben, was sie besaß: Sie wollte ihm dienen. Und Jesus sah ihr Herz, nicht nur ihre Vergangenheit.

In **Lukas 8,4–15** erzählt Jesus das Gleichnis von der Aussaat, wobei er den Menschen mit der Erde und die Botschaft mit den Samen vergleicht. Jesus erklärt es uns sehr genau in: "…Der Samen ist die Botschaft Gottes. Bei manchen, die sie hören, geht es wie bei dem Samen, der auf den Weg fällt. Der Teufel kommt und nimmt weg, was in ihr Herz gesät worden ist. Er will nicht, dass sie die Botschaft annehmen und gerettet werden. Bei anderen ist es wie bei dem Samen, der auf felsigen Boden fällt. Sie hören die Botschaft und nehmen sie mit Freuden an. Aber sie sind Menschen ohne Wurzel: Eine Zeit lang halten sie sich an die Botschaft; aber wenn sie auf die Probe gestellt werden, fallen sie ab. Wieder bei anderen ist es wie bei dem Samen, der in das Dornengestrüpp fällt.

Sie hören zwar die Botschaft, aber dann gehen sie davon und ersticken in ihren Alltagssorgen, in Reichtum und Vergnügungen und bringen keine Frucht. Bei anderen schließlich ist es wie bei dem Samen, der auf guten Boden fällt. Sie nehmen die Botschaft mit gutem und willigem Herzen an, bewahren sie und bringen durch Standhaftigkeit Frucht."

In **Lukas 8,16–18** wird ein Gleichnis erzählt. So in **Vers 17**: „So verhält es sich auch mit der Botschaft Gottes: Es gibt nichts Verborgenes an ihr, das nicht ans Licht kommen wird; nichts Geheimes, das nicht bekannt und öffentlich verkündet werden wird." Vergleichbar ist hiermit **Lukas 12,1–3**, in welchem Jesus uns vor Scheinheiligkeit, die auch früher oder später ans Licht kommt, warnt.

Es verhält sich mit allem im Leben so. Warum wollen wir Fehler und Schwächen nicht ans Licht bringen? Weil wir Angst haben, abgelehnt, missverstanden oder nicht mehr geliebt zu werden. Wir befürchten, dass die Menschen, die wir lieben, ein ganz anderes Bild von uns bekommen würden, wenn sie wirklich alles über uns wüssten. Unsere Fehler einzugestehen ist existenziell für unsere seelische Gesundheit. In den heiligen Schriften wird uns immer wieder mitgeteilt, dass alles Verborgene letztendlich ans Licht kommen wird. Also können wir unsere Verletzungen auch gleich jemandem anvertrauen, der uns wohlgesonnen ist. Als ich endlich den Mut fand, jemandem von meinen schmerzhaften Erlebnissen zu erzählen, war das emotional sehr schwierig für mich. Aber wenn ich heute über meine Vergangenheit rede, ist es, als spreche ich über ein völlig anderes Leben. Einem Menschen meinen Schmerz und meine Schwächen anzuvertrauen, hat mir Heilung gebracht.

Aus der Geschichte in **Lukas 10,38–42** habe ich etwas sehr Wichtiges für mein Leben gelernt. Sie handelt davon, dass Maria und Marta Jesus in ihrem Haus aufnahmen, als er auf Reisen war. Marta arbeitete die ganze Zeit, während Maria an Jesus' Lippen hing, um jede Information aufzunehmen. Sie nutzte den Moment. Da sagte Jesus in **Vers 41**: „Marta, Marta, du machst dir viele Sorgen und verlierst dich an vielerlei". In einfachen Worten: Setze deine Zeit sinnvoll ein. Bist du zu beschäftigt? Das scheint heutzutage auf fast jeden zuzutreffen. Wenn ich

Freunden begegne, die ich lange nicht gesehen habe und nach ihrem Befinden frage, antworten sie meistens: „Viel zu tun." Auch Marta war zu beschäftigt, um sich Zeit für Jesus zu nehmen, als er sie besuchte. Im Gegensatz zu Marta hat Maria erkannt, dass die Arbeit ihr nicht weglaufen wird. Ich glaube nicht, dass man sich am Ende seines Lebens wünscht, man hätte mehr Zeit auf der Arbeit verbracht. Die meisten sehnten sich nach mehr Zeit mit ihren geliebten Menschen. Wenn wir heute richtige Entscheidungen treffen, werden wir später weniger zu bedauern haben.

In **Lukas 14,7–11** finden wir die Botschaft der falschen Selbsteinschätzung. Wenn wir uns über andere stellen, können wir sehr tief fallen. In diesem Vers rät er uns, uns bei einer Hochzeit nicht einfach auf die besten Plätze zu setzen. Was, wenn diese Plätze für jemand anders vorgesehen sind und der Gastgeber dich bitten muss, diesen Platz zu verlassen? Das wäre eine peinliche Situation. Sein Rat an uns in **Vers 10**: „Setz dich lieber auf den letzten Platz, wenn du eingeladen bist. Wenn dann der Gastgeber kommt, wird er zu dir sagen: ‚Lieber Freund, komm, nimm weiter oben Platz!' So wirst du vor allen geehrt, die mit dir eingeladen sind."

In **Lukas 16,1–17** wird vom Umgang mit Geld gesprochen. In **Vers 1–9** erzählt er uns die Geschichte vom untreuen Verwalter. Selbst als sein Betrug längst aufgeflogen war, betrog er weiter. In **Vers 8** sagt er: „Denn in der Tat: Die Menschen dieser Welt sind, wenn es ums Überleben geht, viel klüger als die Menschen des Lichtes." Daraufhin fordert er uns in **Vers 9** auf: "…nutzt das leidige Geld dazu, durch Wohltaten Freunde zu gewinnen. Wenn es mit euch und eurem Geld zu Ende geht, werden sie euch in der neuen Welt Gottes in ihre Wohnungen aufnehmen." In **Vers 10–13** spricht er davon, dass wir zuverlässig mit Geld umgehen sollen, ansonsten wird uns das wirklich Wertvolle nicht anvertraut. Einen Vergleich gibt er uns in **Vers 13**: „Kein Diener kann zwei Herren zugleich dienen. Er wird den einen vernachlässigen und den anderen bevorzugen. Er wird dem einen treu sein und den anderen hintergehen. Ihr könnt nicht beiden zugleich dienen: Gott und dem

Geld." Platziere das Geld nicht an erster Stelle in deinem Leben, es wird all die negativen Eigenschaften wie Habgier, Eifersucht und Neid hervorrufen. Da die Pharisäer über Jesus' Aussagen lachten, antwortete er ihnen darauf in **Vers 15**: „Vor den Menschen stellt ihr euch so hin, als führtet ihr ein Leben, das Gott gefällt; aber Gott sieht euch ins Herz." Über 2000 Jahre später haben wir immer noch unbelehrbare Pharisäer und das wird sich auch nie ändern. Unsere Aufgabe ist es, mit unserem Verhalten den Ausgleich zu schaffen.

In **Lukas 17,1–6** wird vom Verhalten untereinander in der Gemeinschaft gesprochen, dass wir nicht nachtragend sein und immer eine Entschuldigung annehmen sollten. Das zu beherzigen wird immer eine große Herausforderung für uns sein. Dazu braucht man einen tief verankerten Glauben. Menschen beten oft für die Stärkung ihres Glaubens und haben dabei noch nicht erkannt, dass Glauben Vertrauen heißt. Es wächst durch Herausforderungen, indem wir etwas tun, das wir nicht ganz verstehen oder womit wir keine Erfahrung haben. Ich glaube nicht, dass irgendjemand großes Vertrauen aus dem Nichts hat. Es entwickelt sich durch positive Erfahrungen. Seine Jünger sagten in **Vers 5** zu Jesus: „Stärke doch unser Vertrauen zu Gott!". Jesus antwortete ihnen daraufhin: „Wenn euer Vertrauen auch nur so groß wäre wie ein Senfkorn, dann könntet ihr zu dem Maulbeerbaum dort sagen: ‚Zieh deine Wurzeln aus der Erde und verpflanze dich ins Meer!', und er würde euch gehorchen." (**Vers 6**). Meiner Ansicht nach wollte Jesus damit sagen, dass wir in Gemeinschaft mit Gott alles vollbringen können, wenn es auch noch so unmöglich erscheint.

In **Lukas 18,1–8** erzählt Jesus ein Gleichnis von einem korrupten Richter und einer Witwe, die hartnäckig auf ihr Recht besteht. Sie bat ihn immer wieder um Hilfe: „Verhilf mir zu meinem Recht!" Letztendlich half er ihr, zwar nur, um seine Ruhe zu haben, aber so erreichte sie ihr Ziel. Dieses Gleichnis sagt mir: „Gebt nicht auf!" Wir müssen zwar mit den täglichen Ablenkungen des Lebens kämpfen, aber wenn wir an uns glauben, können wir alles schaffen. Genauso wichtig ist es, jeden Tag mit Gott auf deine eigene persönliche Weise in Verbindung zu kommen, um deinen Glauben zu stärken – es ist nicht wichtig, wann und wo.

In **Lukas 18,9–14** erzählt uns Jesus ein Gleichnis über selbstgerechte Menschen. Die Menschen, von denen es handelt, waren stolz, sie waren sich sicher, dass sie gerecht und aufrichtig waren und aufgrund ihrer Taten vor Gott gut dastehen würden.

Jesus beschreibt zwei Menschen, die zum Beten in den Tempel kommen. Einer war ein Pharisäer, der andere ein Zolleinnehmer. Pharisäer waren angesehene Leute, weil sie sehr religiös waren. Zolleinnehmer wurden gehasst, weil sie oft von ihren Landsleuten Geld erpressten. Der stolze Pharisäer stand da und betete (**Lukas 18,11**). Er sprach noch nicht einmal zu Gott, sondern mehr mit sich selbst. Er verglich sich selbstgefällig mit anderen, die er als minderwertig ansah. Er sagte doch tatsächlich: „Ich danke dir, Gott, dass ich kein Sünder bin wie die anderen Menschen" (**Lukas 18,11**). Mit anderen Worten: „Ich bin ja so heilig!" Vielleicht kennst du auch Gläubige, denen du dich überlegen fühlst. Möglicherweise Menschen, die im Geiste nicht so leben wie du. Du betest vielleicht jeden Tag zu Gott und sie tun das nicht. Du spendest sogar einen Anteil deines Geldes, und du bist dir sicher, dass die anderen das nicht tun.

Jesus kritisierte die Pharisäer, weil sie oftmals nach außen eine Maske aufzogen, aber im Herzen verdorben waren. Jesus nannte sie „weiß angestrichene Gräber" (**Matthäus 23,27**) – außen schön, innen voller toter Knochen. Es ist leicht, eine Ich-bin-besser-als-du-Haltung anzunehmen, wenn wir uns mit anderen vergleichen. Bewahre dein Herz vor Selbstgerechtigkeit.

In Johannes **1,35–51** wird erzählt, wie die ersten Jünger zusammenkamen und dass Natanaël Vorurteile aufgrund der Herkunft Jesus' hatte. Natanaël war abweisend, als er sagte: „Kann aus Nazaret etwas Gutes kommen?" (**Johannes 1,46**). Doch Jesus lobte ihn, indem er sagte: „Da kommt ein wahrer Israelit, ein Mann ohne Falschheit." (**Johannes 1,47**). Natanaëls ablehnende Haltung gegenüber Nazaret entsprach der vorherrschenden Ansicht seiner Zeit. Dass der wahre Messias aus Nazaret, einem Ort in Galiläa, kommen sollte, konnte er sich einfach nicht vorstellen. Oft reagieren wir wie Natanaël: Wir schließen nur aus der Herkunft eines Menschen darauf, dass wir von ihm oder ihr wohl nichts Gutes erwarten können. Ohne es zu merken, können wir voreingenommen oder rechthaberisch sein. Wir übernehmen Vorurteile, die andere durch ihr Reden in uns eingepflanzt haben. Darum müssen wir in unsere und ihre Herzen sehen und uns fragen, ob wir für die Wahrheit wirklich offen sind. Jesus schätzte an Natanaël, dass er bereit war, ihm zu begegnen, obwohl er misstrauisch war. Öffne auch du dein Herz für jeden Menschen, dem du begegnest! Wenn Natanaël sein Herz Jesus gegenüber verschlossen hätte, hätte er das Beste verpasst, nämlich eine wunderbare Beziehung. Halte dein Herz offen!

In Johannes **6,22–59** fordern Menschen weitere Wunder von Jesus, um seine Bevollmächtigung zu beweisen. Wenn die Menschen ihm zu diesem Zeitpunkt immer noch nicht glaubten, obwohl er bereits so viele Wunder vollbracht hatte, dann würden sie ihm nie glauben. In **Vers 54–57** versucht er den Menschen zu erklären, warum, „Jesus das Brot ist, das Leben gibt". Was wollte er uns damit sagen? Wenn wir ihn als Vorbild sehen und so werden wollen, wie er ist, dann sind wir auf dem Weg nach Hause.

In **Johannes 8,1–11** wird die Geschichte einer Frau erzählt, die Ehebruch beging. Weil das Gesetz Mose die Steinigung verlangt, wollten die Leute das auch tun. Zuvor stellten sie Jesus eine Fangfrage, um ihn anklagen zu können, aber er antwortet klug in **Vers 7**: „Wer von euch noch nie eine Sünde begangen hat, soll den ersten Stein auf sie werfen!" Darauf verließen die Leute den Platz. Diese Reaktion sagt alles. Jesus hält uns vor Augen, dass keiner ohne Sünde ist! Wenn wir unsere Fehler einsehen, uns selbst vergeben und letztendlich unser Verhalten korrigieren, dann wird auch uns vergeben werden. Werde dir bewusst, dass wir hier sind, um aus unseren Fehlern zu lernen.

In **Johannes 8,12–20** geht es um Jesus' Erbe und unsere wahre Identität. In **Vers 12** sagt Jesus: „Ich bin das Licht für die Welt. Wer mir folgt, tappt nicht mehr im Dunkeln, sondern hat das Licht und mit ihm das

Leben." Damit meinte er seine Lehre, die er uns hinterlassen hat. Unser Sein wird durch die Menschen und die Dinge geformt, mit denen wir uns identifizieren. Orientiere dich nicht nach dem, was andere Menschen über dich sagen. Du kennst dich am besten. Jesus wusste, wer er war, denn er wusste, woher er kam und wohin er ging (**Johannes 8,14**). Damit brachte er viele Pharisäer, das heißt, die religiösen Führer, gegen sich auf. Ihrer Ansicht nach betrieb Jesus Gotteslästerung, wenn er sich als seinen Sohn bezeichnete. Doch sind wir nicht alle Kinder Gottes? Sie waren wütend, weil er sich seiner Identität so sicher war. Aber was auch immer die Menschen über Jesus sagten, er nahm es nie für sich an, denn er identifizierte sich mit Gott. Die Identifikation mit Gott ist eine wichtige Grundlage für das Leben als Gläubiger. Darüber wird seltener und weniger umfassend gelehrt, als es nötig wäre. Viele religiöse Organisationen verwenden viel zu viel Zeit darauf, den Menschen zu erzählen, was sie tun und lassen sollen und zu wenig, um sie zu lehren, wer sie vor Gott sind. Wer sich nach Jesus' Lehre richtet und sie lebt, kennt seine Identität. Es spielt übrigens keine Rolle, ob du dich mit Jesus, Krishna etc. oder direkt mit Gott identifizierst, denn es führt immer zum selben Ziel: Alle Inkarnationen Gottes sollen die Verbindung zu ihm herstellen, ihn für die Menschen greifbarer machen. Auch du gehörst zu Gott! Dir dieser Wahrheit bewusst zu sein, wird dir Zuversicht geben. Dann kannst du deinem Herzen folgen und es wird dir nichts ausmachen, wenn andere deine Meinung nicht teilen. Doch reflektiere dich trotzdem stetig, auch wenn du weißt, wer du bist.

In **Johannes 8,31–59** geht es um Freiheit oder Sklaverei. In dieser Erzählung versucht Jesus den Menschen zu erklären, dass sie durch seine Lehre ihre absolute Freiheit erlangen können. Aber ich hatte während meines Studiums nicht den Eindruck, dass sie etwas davon verstanden haben, denn ihre Vorstellungskraft war zu begrenzt. Ein Leben lang zu versuchen immer das Richtige zu tun ist sicherlich nicht leicht und es wird ein täglicher Kampf mit dir selbst werden, aber das Ergebnis wird die Befreiung vom materiellen Denken sein. Lass dich durch deine Umstände nicht vom wahren Glück abhalten, das in deinem Herzen liegt. Wie Jesus in **Vers 31 und 32** sagt: "…Wenn ihr bei dem bleibt, was ich euch gesagt habe, und euer Leben darauf gründet, seid ihr wirklich meine Jünger. Dann werdet ihr die Wahrheit erkennen und die Wahrheit wird euch frei machen." Heutzutage machen sich viele Menschen nicht mehr die Mühe, darüber nachzudenken, was sie eigentlich glauben. So kann es passieren, dass sie ihr ganzes Leben auf Überzeugungen aufbauen, die einfach nicht wahr sind. Alles, was die Medien, irgendein berühmter Mensch oder Freunde sagen, wird plötzlich zur Wahrheit. Wenn du aus Bequemlichkeit glaubst, was andere sagen, anstatt dich selbst mit deiner Wahrheit auseinanderzusetzen, schränkst du dein Wissen ein und behinderst dich darin, das zu tun, was deine Bestimmung ist. Wichtig ist, dass du deinen eigenen Weg suchst, denn dann wirst du ihn auch finden. Wenn du die Wahrheit erkennst, wird sie dir inneren Frieden, Freiheit und Freude bringen.

In **Johannes 10,1–20** erzählt uns Jesus ein Gleichnis vom Hirten und seinen Schafen. Er sagt, dass Schafe ihren Hirten immer an der Stimme erkennen können, und er warnt uns auch vor Räubern und Dieben, die die Schafe nur stehlen und schlachten wollen. Und dass ein bezahlter Hüter die Schafe im Stich lassen würde, wenn der Wolf käme, weil sie ihm nicht gehören.

Du fragst dich sicher auch, wie du dir sicher sein kannst, dass du Gottes Stimme hörst. Gott sprechen zu hören, ist ein Recht und Vorrecht eines jeden Menschen. Sein Wort sagt, dass wir seine Stimme hören und von anderen unterscheiden können. Das Vermögen, zwischen Gottes Stimme und täuschenden Stimmen zu unterscheiden, bekommen wir von ihm. Jesus vergleicht uns hierhin mit Schafen, die instinktiv die Stimme ihres Hirten erkennen (**Johannes 10,2–5**). Wir können lernen, Gottes Stimme von anderen zu unterscheiden, wenn wir Gottes Wesen und Charakter gut kennen und wissen, wie er andere vor uns geführt hat. Wir werden erkennen, ob das Gehörte mit Gottes Wesen übereinstimmt. Was Gott heute sagt, widerspricht nie der Liebe. Je mehr wir Gottes Wort kennenlernen und verinnerlichen, desto stärker wird seine Kraft durch unser Leben fließen und desto klarer werden wir Gottes Stimme hören, erkennen und ihr folgen können.

Ist dir schon einmal etwas gestohlen worden? Selbst wenn du es ersetzen konntest, war es wahrscheinlich eine schlimme Erfahrung. Das Böse will noch viel Schlimmeres anrichten: Es will nicht deine Besitztümer, es will dich der Freude, des Friedens und der Hoffnung berauben. Jesus sagt: „Der Dieb kommt nur, um die Schafe zu stehlen, zu schlachten und ins Verderben zu stürzen. Ich aber bin gekommen, um ihnen das Leben zu geben, Leben im Überfluss." (**Vers 10**). Das Böse hat nur ein Ziel, und das ist Zerstörung. Es will rauben, morden und alles Gute vernichten. Jesus dagegen ist gekommen, damit wir leben und es genießen.

Genießt du dein Leben? Freust du dich an allem, was zu deinem Leben gehört, oder nur an den Bereichen, die dir Spaß machen? Ich denke, dass wir durch den Glauben die Kraft bekommen, uns an allem freuen zu können. Wir können an unserer Arbeit, aber auch an Wartezeiten Gefallen finden. Wir können den Weg genießen und nicht nur das Ziel. Ein Zug, der an seiner Endstation ankommt, wird diese nach einiger Zeit mit einem neuen Ziel verlassen. Im Leben verbringen wir mehr Zeit mit Warten als mit Ankommen. Wir sind als zielorientierte Menschen geschaffen worden. Wenn wir ein Ziel erreicht haben, dauert es nicht lange, bis wir uns ein neues setzen. Auf dem Weg dahin können wir lernen, zu genießen, wo wir gerade sind. Eine Art, wie das Böse versucht, uns zu bestehlen, ist, dass es uns glauben macht, wir könnten nur bestimmte Dinge genießen und andere nicht. Die Wahrheit ist, dass wir eine neue Betrachtungsweise brauchen und uns dafür entscheiden können, uns über alles im Leben zu freuen. Entscheide dich heute, dich auch an deinem Alltag zu erfreuen!

In **Johannes 13,1–17** geht Jesus in Aktion und stellt sich auf eine Stufe mit seinen Jüngern. Er wusste, dass er bald gehen musste und wollte ihnen damit begreiflich machen, dass er eins mit ihnen ist. Stolz hinderte Jesus nie daran, seine Liebe zu beweisen. Johannes erzählt uns, wie Jesus seinen Jüngern die Füße wusch. Mit dieser Geste zeigte er ihnen, wie sehr er sie liebte (**Vers 4–15**). Damals trugen die Menschen Sandalen, die ihre Füße nicht vor Straßenstaub schützten. Deshalb wuschen Diener, nicht etwa die Herren, den anderen die Füße. Jesus wusste, dass seine Jünger ihn für höhergestellt erachteten, deswegen machte er sich vor allen zum Diener, um ihnen Gleichheit vorzuleben. Als Jesus zu Simon Petrus kam, widersprach dieser ihm und fragte: „Du Herr, willst mir die Füße waschen?" (**Johannes 13,6**). Stell dir vor, was du empfinden würdest, wenn Jesus zu dir sagte, dass er dir die Füße waschen will. Womöglich würdest du auch zögern wie Petrus und denken: „Eigentlich sollte ich ihm die Füße waschen und nicht umgekehrt." Auf Petrus' übereilte Beteuerung, er würde nie zulassen, dass Jesus ihm die Füße wäscht, antwortete Jesus: „Wenn ich dir nicht die Füße wasche, hast du keinen Anteil an mir und an dem, was ich bringe." (**Johannes 13,8**). Nachdem Jesus allen Jüngern die Füße gewaschen hatte, erklärte er ihnen, dass sie seinem Beispiel als Herr und Lehrer folgen und einander die Füße waschen sollen (**Johannes 13,14**). Ich glaube, Jesus meinte, dass wir nur dann Anteil an ihm haben können, wenn wir bereit sind, einander zu dienen. Die größte Liebe, die wir einem Menschen entgegenbringen können, liegt in der Bereitschaft, ihm zu dienen. Wir sollten auf die Bedürfnisse anderer Menschen achten, sie stets mit Würde behandeln und gut zu ihnen sein.

In **Johannes 14,1–14** erklärt Jesus, warum er der Weg ist und dass jeder in der Lage ist, das zu tun, was er tat. In **Vers 6** sagt Jesus: „Ich bin der Weg, denn ich bin die Wahrheit und das Leben." Er meinte damit, dass wir nur seinem Beispiel folgen müssen, um den Weg zu Gott zu finden. Weltweit gibt es Beispiele von Menschen, die wie Jesus gehandelt haben, um uns den Weg zu Gott zu zeigen. Das Verhalten eines Menschen zählt und nicht seine Person an sich. Durch Jesus' Lehre und seine Taten erkennen wir, wer Gott ist. Weiter heißt es in den **Versen 10–12**: „Was ich zu euch gesprochen habe, das stammt nicht von mir. Der Vater, der immer in mir ist, vollbringt durch mich seine Taten. Glaubt mir: Ich lebe im Vater und der Vater in mir. Wenn ihr mir nicht auf mein Wort hin glaubt, dann glaubt mir wegen dieser Taten … Wer im Glauben mit mir verbunden bleibt, wird die gleichen Taten vollbringen, die ich tue. Ja, er wird noch größere Taten vollbringen, denn ich gehe zum Vater." Bist du schon einmal bei jemandem im Auto mitgefahren, der den Weg nicht kannte, und sich weigerte, um Hilfe zu bitten? Gott schickt uns zu jeder Zeit und in allen Formen Wegweiser.

Deine Aufgabe ist es, sie zu erkennen. Es ist gar nicht so schwer, den wahren Weg zu finden, denn Jesus hat ihn uns mit seiner Lehre der Liebe bereits gezeigt. Für welchen Glauben du dich auch entscheidest: Solange diese Religion die Liebe verkörpert, ist es nicht wichtig, welchen Weg du gehst. Der Weg der Liebe ist der wahre Weg.

In **Johannes 14,15-31** verspricht uns Jesus den Heiligen Geist, den Geist der Wahrheit, der unser Tröster und Beistand werden soll, wenn er von dieser Erde gegangen ist. Die meisten Menschen brauchen eine Verbindung im Außen zu Gott, weil sie sich nicht vorstellen können, dass sie auch direkt mit ihm in Verbindung treten können. Wodurch auch immer wir dieses Ziel erreichen, liegt in unserem Ermessen. Der Heilige Geist führt in alle Wahrheit (**Vers 17**). Ständig wirkt er in und durch Menschen, um unser Bewusstsein für die Wahrheit zu erweitern. Er lebt jederzeit in uns und mit uns. Denn Jesus hat für unseren Frieden gesorgt (**Vers 27**), aber wir müssen ihn auch uns zu eigen machen. Wir dürfen uns nicht von Angst leiten lassen. Gerade geht es uns allen vermutlich so, dass Gedanken der Verunsicherung und Sorge uns hin und wieder aus der Ruhe bringen. Es reicht aber nicht, nur darauf zu warten, dass wir uns wieder friedlich fühlen. Wir müssen den Frieden in uns aktiv bewahren. Diese Welt raubt uns immer wieder unsere Balance und wir müssen stetig dafür sorgen, dass sie wieder zurückkehrt. Das erreichen wir durch den Glauben, dass Gott uns immer und durch jede Schwierigkeit begleitet.

In **Johannes 15,1-17** erhalten wir wieder ein Gleichnis: Jesus vergleicht sich mit einem Weinstock, Gott mit einem Weinbauer und die Menschen mit der Rebe. Er will uns verbildlichen, dass die Verbindung zu Gott uns reiche Ernte bringen wird. Er will, dass wir uns auf ihn stützen, ihm vertrauen, uns auf ihn verlassen. Das ist ein Teil dessen, was Glauben ist. Wir sind Gottes Partner, und das bedeutet, dass beide Seiten Verantwortung tragen. Wir dürfen uns auf ihn stützen, um unseren Teil der Aufgabe zu erledigen.

Manchmal mögen wir meinen, dass wir Gottes Hilfe nicht brauchen, zum Beispiel bei Arbeiten, die wir schon oft erfolgreich erledigt haben. Der Gedanke, unabhängig von Gott leben zu können, gehört zur geistlichen Pubertät oder zu Menschen, die ihn nicht kennen. Erwachsene Gläubige wissen, dass das Bewusstsein, nie von Gott getrennt zu sein, viel Anstrengung aus dem Leben herausnehmen kann. Es macht Unmögliches möglich, Schweres einfach und Aufreibendes friedvoll. Trau dich, zu sagen: „Hilf mir, Gott!"

In **Johannes 16,5–15** geht es um die Aufgabe des Heiligen Geistes. Gott wusste, dass wir Hilfe benötigen würden. Deswegen sandte er den Heiligen Geist, um in jedem Menschen zu wohnen. Er ist unser Ratgeber, Helfer und Tröster. Eine wichtige Aufgabe im Rahmen seines Dienstes an dir und mir ist, uns zu helfen, der Wahrheit ins Auge zu sehen, damit wir durch sie befreit werden.

Die Wahrheit ist eine der stärksten Waffen gegen die Macht des Bösen. Die Wahrheit ist ein Licht, das die Dunkelheit nicht auslöschen kann (**Johannes 1,5**). Es gibt viele Menschen, die bezweifeln, dass Gott wirklich zu uns spricht. Kurz vor seinem Tod sagte Jesus zu seinen Jüngern: „Ich hätte euch noch vieles zu sagen, doch das würde euch jetzt überfordern. Aber wenn der Helfer kommt, der Geist der Wahrheit, wird er euch anleiten, in der vollen Wahrheit zu leben." (**Johannes 16,12–13**). Er hat uns den Heiligen Geist gegeben, damit er uns führen kann, wenn wir vor neuen Situationen stehen. Er hilft uns auch, dass wir Gott zu uns reden hören können, auch wenn er nicht sichtbar vor uns steht. Jesus sagte, dass die Wahrheit uns frei mache (**Johannes 8,32**).

Meine Notizen

Der Islam

Der Islam

Die fünf Säulen des Islam

Bedeutung der Zakāh

1. Das Glaubensbekenntnis
2. Das Gebet
3. Das Fasten
4. Die soziale Pflichtabgabe
5. Die Pilgerfahrt nach Mekka

Von den fünf Säulen des Islams sind die ersten vier auch Bestandteil der Bibel. Korankapitel werden „Sura" genannt, zum Beispiel steht in Sura 2:42 die Ziffer 2 für das zweite Kapitel und die 42 für den Vers. Über die Apps „Quran für Android" oder „Koran auf Deutsch – Al-Quran für IOS" kannst du gezielt Verse abrufen und nachlesen. Auch Vergleichsstellen, wo du an einer anderen Stelle im Qur'ān dieselbe Aussage findest, zeige ich dir auf. Du findest sie ganz unten auf der jeweiligen Seite und im Text zeigt eine kleine hochgestellte Ziffer die Verbindung an.

Wie in jeder anderen Heiligen Schrift finden wir auch in dieser Widersprüche. Aber lasse dich nicht davon irritieren. Wenn du mit dem Herzen liest und in der Liebe bleibst, wirst du die Wahrheit erkennen. *Bei meinen Recherchen stieß ich darauf, dass das ursprüngliche Koran-Arabisch nur aus einem Konsonantengerüst bestand, eine Art Kurzschrift. Erst später wurde sie ausformuliert und dabei könnte der ursprüngliche Inhalt verändert worden sein. Weitere Informationen dazu findest du in den Quellenangaben.* (Quelle:17) Ich führte viele Gespräche mit Muslimen, die ihren Glauben mit dem Herzen leben, in welchen sie mir von ihrer persönlichen Beziehung mit

Gott und dem Missbrauch ihres Glaubens berichteten. Wie in jeder Kultur, die eine Religion ausübt, werden auch im Islam Sitten und Bräuche mit dem Glauben vermischt. Diese vermitteln uns das Gefühl, eingeschränkt in unserer Freiheit zu sein und nehmen uns die Luft zum Atmen. Daher habe ich mich explizit mit dem Koran auseinandergesetzt und fand darin Toleranz, Akzeptanz und Respekt gegenüber allen Menschen. Ich habe den Qur'an als eine Fortsetzung der Bibel empfunden, die Jesus und viele Propheten der Bibel bestätigt, schätzt und uns daran erinnert, dass wir auf dem rechtschaffenen Weg bleiben sollen. Auch im Koran kannst du die Lehre der Liebe entdecken.

Alle Verse wurden aus dem Al-Qur'ān Al-Karīm entnommen. Aus dem arabischen von Abū-Ridā Muhammad Ibn Ahmad Rassoul.

Wichtige Botschaften aus dem Koran

Handle richtig!

Menschen tun sich schwer, ihre Fehler einzugestehen, daher passiert es oft, dass sie die Wahrheit so lange verdrehen, bis sie eine Rechtfertigung für ihre Fehler haben. Aber die Wahrheit bleibt die Wahrheit und keine Rechtfertigung gibt dir das Recht, absichtlich Fehler zu begehen.
Sura 2:42 „Und mischt nicht die Wahrheit mit Unrecht durcheinander! Und verschweigt nicht die Wahrheit, wo ihr (sie) doch kennt."

Der gemeinsame Weg!

In diesem Vers werden auch andere Glaubensgemeinschaften als Gläubige definiert. Der Fokus wird auf den gemeinsamen Weg gelegt: "…wer an Allāh und den Jüngsten Tag glaubt und Gutes tut …" So auch in **Sura 29:46** "…Und sprecht: „Wir glauben an das, was zu uns herabgesandt wurde und was zu euch herabgesandt wurde; und unser Gott und euer Gott ist Einer; und ihm sind wir ergeben."

In den weiteren Suren wird berichtet, dass Gott weltweit Gesandte schickt. Wenn dem so ist, wie kann jemand glauben, dass nur seine eigene Religion die Richtige ist? Viele Wege führen ans Ziel! Erkenne den Kern des Glaubens und lebe in der Liebe, dann führt dich Gott zu sich.

Sura 2:62 „Wahrlich, diejenigen, die glauben, und die Juden, die Christen und die Sabäer, wer an Allāh und den Jüngsten Tag glaubt und Gutes tut, diese haben ihren Lohn bei ihrem Herrn und sie werden weder Angst haben noch werden sie traurig sein."

Sura 2:112 „Doch wer sich Allāh hingibt und Gutes tut, der hat seinen Lohn bei seinem Herrn; und diese werden weder Angst haben, noch werden sie traurig sein."

Sura 10:47 „Und für jede Nation ist ein Gesandter (bestimmt). Wenn also ihr Gesandter kommt, so wird zwischen ihnen in Gerechtigkeit entschieden, und ihnen wird (dabei) kein Unrecht getan."

Sura 16:36 „Und in jedem Volk erweckten wir einen Gesandten (der da predigte): „Dient Allāh und meidet die Götzen." Dann waren unter ihnen einige, die Allāh leitete, und es waren unter ihnen einige, die das Schicksal des Irrtums erlitten. So reist auf der Erde umher und seht, wie das Ende der Leugner war!"

Sura 15:10–12 „Und wahrlich, wir entsandten schon vor dir (Gesandte) zu den Parteien der Früheren. (10) Und nie kam ein Gesandter zu ihnen, über den sie nicht gespottet hätten. (11) So lassen wir diese (Spottlust) in die Herzen der Sünder einziehen. (12)"

Sura 2:87 „Wahrlich, wir gaben Moses das Buch und ließen ihm Gesandte nachfolgen; und wir gaben Jesus, dem Sohn Marias, die klaren Beweise und unterstützten ihn durch heilige Eingebung. Doch sooft euch ein Gesandter etwas brachte, was euch nicht behagte, wart ihr hochmütig und erklärtet einige für Lügner und erschlugt andere!"

Wir sind eins!

In **Sura 2:87** finden wir die Vereinigung von Juden, Christen und Muslimen. Das kann uns bewusst machen, wie verbunden wir sind und dass wir ein gemeinsames Ziel verfolgen.

Welche Götter hast du?

In den heiligen Schriften wird immer wieder gesagt: „Du sollst keine anderen Götter neben mir haben."
In der **Tora: Ex 20,3**
In der **Bibel: 2.Mose 20,3; Psalm 81,10**
Im **Qur'an: Sura 2:83; Sura 4:36**
Ich glaube, dass den meisten Menschen gar nicht bewusst ist, dass sie bereits Nebengötter haben. Der Fakt ist, dass sie sogar die weltlichen Dinge zu ihrem Gott gemacht haben, beispielsweise das Geld, das Auto, der materielle Besitz, der Job … Diese Liste könnte endlos weiter gehen. Alles, was uns wichtiger ist als Gott, machen wir zu unserem Gott.
In **Sura 25:43** wird es auf den Punkt gebracht: „Hast du den gesehen, der seine persönliche Neigung zu seinem Gott macht?…"

Das Karma

In vielen Suren wird darauf hingewiesen, dass wir unser Karma selbst erschaffen. Dein Denken, dein Reden und dein Handeln wird in anderer Form zu dir zurückkehren. Das Karma ist immer gegenwärtig. Denke an die Worte von Jesus: „Was du säst, wirst du ernten."
Sura 2:110 „Und verrichtet das Gebet und gebt die Zakāh, und was ihr für euch an Gutem vorausschickt, das werdet ihr bei Allāh vorfinden …"
Sura 3:165 „Und als euch ein Unglück traf, obwohl ihr (euren Gegner) bereits ein doppelt so schlimmes zugefügt hattet, spracht ihr da etwa: „Woher (kommt) dies?" Sprich: „Es kommt von euch selbst" Siehe, Allāh hat Macht über alle Dinge."
Sura 4:62 „Aber wenn ein Unheil sie für die früheren Werke ihrer Hände trifft, dann kommen sie zu dir und schwören bei Allāh: „Wahrlich, wir wollten nichts anderes als Gutes und Versöhnung."
Sura 6:160 „Dem, der eine gute Tat vollbringt, soll (sie) zehnfach vergolten werden; derjenige aber, der eine böse Tat verübt, soll nur das Gleiche als Lohn empfangen; und sie sollen kein Unrecht erleiden."

Sura 6:164 "...Und keine Seele wirkt, es sei denn gegen sich selbst, und keine lasttragende Seele soll die Last einer anderen tragen."

Sura 10:41 „Für mich ist mein Werk und für euch ist euer Werk. Ihr seid nicht verantwortlich für das, was ich tue, und ich bin nicht verantwortlich für das, was ihr tut."

Sura 10:44 Alläh fügt den Menschen kein Unrecht zu; die Menschen aber begehen Unrecht gegen sich selbst.

Sura 11:101 „Nicht wir taten ihnen Unrecht, sondern sie taten sich selber Unrecht an;..."

Sura 17:7 „Wenn ihr Gutes tut, so tut ihr Gutes für eure eigenen Seelen; und wenn ihr Böses tut, so ist es gegen sie."

Sura 45:15 „Wer Gutes tut, der tut es für seine eigene Seele, und wer Unrecht begeht, der begeht es gegen sich selbst. Alsdann werdet ihr zu eurem Herrn zurückgebracht werden."

Sura 17:15 „Wer den rechten Weg befolgt, der befolgt ihn nur zu seinem eigenen Heil; und wer irre geht, der geht allein zu seinem eigenen Schaden irre. Und keine lasttragende Seele soll die Last einer anderen tragen."

Sura 18:30 „Wahrlich, die da glauben und gute Werke tun, wahrlich, wir lassen den Lohn derjenigen, die gute Werke tun, nicht verloren gehen."

Sura 19:96 „Diejenigen, die da glauben und gute Werke tun, ihnen wird der Allerbarmer Liebe zukommen lassen."

Sura 41:46 „Wenn jemand das Rechte tut, so tut er es für sich selbst; und wenn jemand Böses tut, so handelt er gegen sich selbst ..."

Sura 42:30 „Und was euch an Unglück treffen mag, es erfolgt auf Grund dessen, was eure Hände gewirkt haben. Und er vergibt vieles."

Sura 39:51 „Und das Böse dessen, was sie gewirkt hatten, erfasste sie. Und diejenigen unter ihnen, die Unrecht getan haben, werden (auch) das Böse dessen, was sie gewirkt haben, erfassen; und sie können sich diesem nicht entziehen."

Warte auf den Rückblick

Viele Menschen definieren Schicksalsschläge als Bestrafung Gottes – es ist aber das Karma, das sie sich selbst erschaffen haben. Jede Begebenheit ist dafür da, dass wir an ihr wachsen können. Wir erkennen den Sinn oft nicht gleich, meistens erst im Rückblick. Vertraue auf Gott und du wirst es zur rechten Zeit erkennen. Suche in allem das Positive!

Sura 39:53 gibt uns Hoffnung darauf, dass wir unsere Fehler im Leben korrigieren können. So in **Vers 53**: „Sprich: ‚O meine Diener, die ihr euch gegen eure eigenen Seelen vergangen habt, verzweifelt nicht an Allāhs Barmherzigkeit; denn Allāh vergibt alle Sünden; er ist der Allverzeihende, der Barmherzige.'"

Löse dein erschaffenes Karma auf, indem du dich deinen Herausforderungen stellst und daraus lernst. Wenn du eine Veränderung willst, musst du erst dich selbst verändern, nur so veränderst du dein Umfeld mit.

Erkenne den Kern!

Es gibt in vielen Büchern und von vielen Gesandten Hinweise, die darauf hindeuten, dass Gott seine Gefolgsleute auf der ganzen Welt verstreute, um seine Samen der Liebe zu säen. Der Kern der Bücher konzentriert sich auf den guten und rechten Weg, verbunden mit Liebe, Akzeptanz, Toleranz und Vergebung. Es ist offensichtlich, wie sehr alle Religionen verbunden sind, aber vergessen wir nicht, dass auch die Gesandten menschlich waren. Auch sie hatten ihre Probleme mit Mitmenschen, daher ist es nicht auszuschließen, dass die Botschaft Gottes verändert worden ist. Um uns herum wird es immer Menschen geben, die jede Möglichkeit nutzen, um Macht und Kontrolle auszuüben. Die Menschen in der Gegenwart sind nicht anders als die in der Vergangenheit. Wer das Gute verdreht, um schlechte Taten zu rechtfertigen, ist vom Weg abgekommen. Man kann nicht lieblos lieben!

Sura 2:136[17] „Sprecht: „Wir glauben an Allāh und an das, was uns herabgesandt worden ist, und was Abraham, Ismael, Isaak, Jakob und den Stämmen (Israels) herabgesandt wurde, und was Moses und Jesus gegeben wurde, und was den Propheten von ihrem Herrn gegeben worden ist. Wir machen zwischen ihnen keinen Unterschied, und ihm sind wir ergeben."

Sura 2:148 „Jeder hat eine Richtung, der er sich zuwendet. So wetteifert miteinander in guten Werken. Wo immer ihr auch seid, Allāh wird euch allesamt zusammenführen; wahrlich, Allāh hat Macht über alle Dinge."

Sura 17:71–72 „An jenem Tage, da werden wir *jedes Volk* mit seinem Führer vorladen. Diejenigen, die dann ihr Buch in ihrer Rechten empfangen werden, werden ihr Buch verlesen und nicht das geringste Unrecht erleiden. (71) Wer aber blind ist in dieser (Welt), der wird auch im Jenseits blind sein und noch weiter vom Weg abirren. (72)"

Aus der Vergangenheit lernen

Werfen wir einmal einen Blick in die Vergangenheit: So viele Kriege wurden geführt, so viele unschuldige Menschen wurden getötet. Was hat uns das gebracht? Mehr Hass unter den Völkern. Nehmen wir uns zum Beispiel Gandhi zum Vorbild: Er hat uns gezeigt, wie man Liebe einsetzt, um seine Rechte wiederzuerlangen.

In **Sura 35:8** wird das verdeutlicht: „Ist etwa der, dem das Böse seines Tuns verschönt wird, so dass er es als gut ansieht, (rechtgeleitet)?"

Trenne dich nicht!

Es wird immer Menschen geben, die die Religionen separieren wollen, aber es ist deine Entscheidung, ob du zu ihnen gehören willst. In allen heiligen Schriften liegen Wahrheiten und der Weg zu Gott. Lese sie alle mit dem Herzen und du erkennst Gott in dir.

---

[17] Sura 2:148; 2:285; 3:84

Sura 4:150[18] „Wahrlich, diejenigen, die nicht an Allāh und seine Gesandten glauben und eine Trennung zwischen Allāh und seinen Gesandten machen und sagen: „Wir glauben an die einen und verwerfen
die anderen" und einen Zwischenweg einschlagen möchten (150), diese
sind die Ungläubigen im wahren Sinne,…"

Sura 4:152 „Diejenigen aber, die an Allāh und seine Gesandten glauben und zwischen ihnen keinen Unterschied machen, sind es, denen er
ihren Lohn geben wird; und Allāh ist allvergebend, barmherzig."

In **Sura 42:15** heißt es auch: "…Allāh ist unser Herr und euer Herr.
Für uns, unsere Werke und für euch eure Werke! Kein Beweisgrund ist
zwischen uns und euch. Allāh wird uns zusammenbringen, und zu ihm
ist die Heimkehr."

Den Blick nicht verlieren

Sura 2:177 weist darauf hin, dass wir uns oft mit belanglosen Dingen
beschäftigen, anstatt mit dem Wesentlichen, das wir dann aus den Augen verlieren. In **Vers 177** steht: „Es ist keine Frömmigkeit, wenn ihr
eure Angesichter in Richtung Osten oder Westen wendet; Frömmigkeit
ist vielmehr, dass man an Allāh glaubt, den Jüngsten Tag, die Engel, das
Buch und die Propheten und vom Vermögen, obwohl man es liebt, den
Verwandten gibt, den Waisen, den Armen, dem Sohn des Weges, den
Bettlern und (für den Freikauf von) Sklaven, dass man das Gebet verrichtet und die Zakāh entrichtet. Es sind diejenigen, die ihr Versprechen
einhalten, wenn sie es gegeben haben; und diejenigen, die in Elend, Not
und in Kriegszeiten geduldig sind; sie sind es, die wahrhaftig und gottesfürchtig sind."

Mit Herz leben

In **Sura 3:92** soll uns bewusst gemacht werden, dass eine Spende stets
von Herzen kommen sollte und wir nicht nur das, was wir nicht mehr
haben wollen, weggeben sollen. **Vers 92** sagt: „Ihr werdet das Gütig Sein

---

[18] Sura 4:152; 24:55

nicht erlangen, solange ihr nicht von dem spendet, was ihr liebt; und was immer ihr spendet, seht, Allāh weiß es."

Sura 2:215 "…Was immer ihr spendet an Gutem, das sei für die Eltern und Verwandten und die Waisen und die Armen und den Sohn des Weges (Reisenden). Und was immer ihr an Gutem tut, wahrlich, Allāh weiß es wohl."

In Sura **2:261–265**[19] wird dieses Thema noch einmal aufgegriffen: Wir sollen aus vollem Herzen Gutes tun, nicht um etwas zu erreichen. (**Vers 262**). Wenn wir aus den falschen Beweggründen helfen, verliert diese Tat ihren Wert (**Vers 264**).

Und **Sura 16:90** wird diese Botschaft noch ergänzt: „Wahrlich, Allāh gebietet, gerecht (zu handeln), uneigennützig Gutes tun und freigebig gegenüber den Verwandten zu sein; und er verbietet, was schändlich und abscheulich und gewalttätig ist. Er ermahnt euch; vielleicht werdet ihr die Ermahnung annehmen."

Folge deinem Herzen

In **Sura 2:256** wird klargestellt: „Es gibt keinen Zwang im Glauben. Der richtige Weg ist nun klar erkennbar geworden gegenüber dem Unrichtigen. Wer nun an die Götzen nicht glaubt, an Allāh aber glaubt, der hat gewiss den sichersten Halt ergriffen, bei dem es kein Zerreißen gibt. Und Allāh ist allhörend, allwissend."

In einfachen Worten: Ein erzwungener Glaube ist nichts wert, denn Gott sieht in die Herzen und er weiß, wer an ihn glaubt. Mit „Götzen" ist alles, was man über Gott stellt, gemeint. Dazu gehören zum Beispiel Geld, materieller Besitz oder der Beruf, sollten sie dir wichtiger sein als deine Beziehung zu Gott.

In **Sura 18:29** weist er uns erneut darauf hin: „Darum lass den gläubig sein, der will, und den ungläubig sein, der will …"

Weiter heißt es in **Sura 10:99–100** „Und hätte dein Herr es gewollt, so hätten alle, die insgesamt auf der Erde sind, geglaubt. Willst du also die Menschen dazu zwingen, Gläubige zu werden?

---

[19] Sura 2:261–265; 2:267

(99) Und niemand kann glauben außer mit Allāhs Erlaubnis ...
(100)"

*Jede Seele ist hier, um an ihren Erfahrungen zu wachsen und jede
Seele braucht ihre Zeit, um ihren Weg, der zu Gott führt, zu erkennen. Vertraue darauf, dass du deinen Glaubensweg findest!*

Behalte die Spaltung im Auge!

Die Heiligen Schriften sollten sich gegenseitig unterstützen, um die
Wahrheit, den Weg und das Ziel zu erkennen. Was aber leider stattdessen entstanden ist, ist eine Spaltung der Menschen und so verlieren viele
das wahre Ziel aus den Augen.

Sura 3:3 „Er hat das Buch mit der Wahrheit auf dich herabgesandt
als Bestätigung dessen, was vor ihm war. Und er hat die Thora und das
Evangelium herabgesandt (3) vordem als Rechtleitung für die Menschen, und er hat (das Buch zur) Unterscheidung herabgesandt ..."

In Sura **3:5–9**[20] werden wir vor denen gewarnt, die die Verse mit dem
Ziel deuten, um die Menschen aufeinander aufzuhetzen. Ihre Ausle-
gungen sind so spitzfindig, dass sie vom Wesentlichen abgelenkt werden.
In **Vers 7** steht: ...„Doch diejenigen, in deren Herzen (Neigung zur)
Abkehr ist, folgen dem, was darin verschieden zu deuten ist, um Zwie-
tracht herbeizuführen und Deutelei zu suchen, (indem sie) nach ihrer
abwegigen Deutung trachten."

Allgegenwärtig!

Selbst wenn dich jemand daran hindern will, deinen Glauben öffentlich
auszuüben, bittet Gott dich darum, keinen Hass in dein Herz zu lassen.
Er will dir damit sagen: „Ich bin überall und zu jedem Zeitpunkt all-
gegenwärtig, du brauchst keinen bestimmten Ort, um mich zu finden."
Das kannst du auch auf deine anderen Angelegenheiten übertragen.

Sura 5:2 "...Und lasst euch nicht durch den Hass, den ihr gegen Leute hegt, weil sie euch von der heiligen Moschee abgehalten haben, zu

---

[20] Sura 3:5–9

Übergriffen verleiten. Und helft einander in Rechtschaffenheit und Frömmigkeit; doch helft einander nicht in Sünde und Übertretung ..."

Verurteile niemanden

Wir sollten die Menschen nicht nach Religion, Herkunft oder Hautfarbe beurteilen. Wenn man es genau nimmt, fordern alle Heiligen Schriften uns auf, nicht zu *beurteilen* und schon gar nicht zu *verurteilen*. Es liegt allerdings in der menschlichen Natur, dass wir dazu neigen, uns ein Urteil zu bilden. Diejenigen, die jeden Tag mit Gott leben wollen, erinnern sich immer wieder daran, gewisse Dinge an Gott abzugeben, so auch die eigenen Vorurteile. Es ist nicht leicht, aber möglich: Auf der ganzen Welt gibt es Menschen, die liebevoll sind und gute Taten vollbringen. Natürlich gibt es auch Menschen, die voller Hass sind. Nur durch seine Taten und Verhaltensweisen erkennst du einen aufrechten Menschen. Lebe in Liebe mit deinen Mitmenschen, dann bist du auf dem richtigen Weg.

Sura **6:108**[21] weist nochmals darauf hin, dass Verurteilen uns nicht zusteht und jeder Einzelne für sich selbst verantwortlich ist. Begegne den Menschen mit Liebe – Du repräsentierst mit deinem Verhalten deinen Glauben! Sei dir deiner Verantwortung bewusst!

Aufforderung zum Nachdenken

In **Sura 5:68–69** werden wir aufgefordert, die Inhalte der Thora und des Evangeliums in die Tat umzusetzen. Die meisten Menschen tun sich schwer, die Wahrheit zu erkennen, weil es leichter ist, einfach blind zu folgen, ohne weiter darüber nachzudenken. In Vers 69 spricht Gott alle Gläubigen an und ermutigt sie: „Jene, die geglaubt haben, und die Juden und die Sabäer und die Christen, wer an Allāh glaubt, den Jüngsten Tag und gute Werke tut, keine Furcht soll über sie kommen, noch sollen sie traurig sein."

---

[21] Sura 6:108; 31:15; 31:23

Wir sind immer mit Gott verbunden!

In allen Heiligen Schriften liest man vom göttlichen Funken, der in jeder Seele existiert, so auch in dieser. Dieser Funke ist unsere Verbindung zu Gott und somit ist es unmöglich, etwas vor ihm zu verbergen.
Sura 6:60 „Und er ist es, der eure Seelen in der Nacht abruft und weiß, was ihr am Tage begeht, an dem er euch dann wieder erweckt, auf dass die vorbestimmte Frist erfüllt werde ..."

Sura 14:38 „Unser Herr, du weißt, was wir verbergen und was wir kundtun. Und vor Allāh ist nichts verborgen, ob auf Erden oder im Himmel."

So heißt es auch in **Sura 17:110** „Ruft Allāh an oder ruft den Allerbarmer an, bei welchem (Namen) ihr (ihn auch) immer anruft, ihm stehen die schönsten (Namen) zu."

Erkenne deine Verantwortung

In **Sura 6:68–69**[22] weist Gott uns darauf hin, was wir tun sollen, wenn wir in eine Situation kommen, in der andere über etwas oder jemanden schlecht reden. Es liegt in unserer Verantwortung, sie zurechtzuweisen, ohne mit ihnen zu streiten. Wenn sie uneinsichtig sind, sollen wir uns ohne Groll von ihnen abwenden und uns in Akzeptanz üben.

Parallele zur Bergpredigt

Sura 10:57–58[23] erinnert mich an Jesus' Bergpredigt. Auch hier teilt er uns mit, an was wir uns in unserem Leben freuen können. So heißt es in **Vers 57**: „O ihr Menschen! Nunmehr ist von eurem Herrn eine Ermahnung zu euch gekommen und eine Heilung für das, was euch in eurer Brust bewegt, und eine Führung und Barmherzigkeit für die Gläubigen."

---

[22] Sura 6:68–69; 42:48; 73:10
[23] Sura 10:57–58

Vorsicht vor falschen Vorbildern

Gott schickt seine Gesandten in die ganze Welt, um seine Gebote zu verbreiten. Die meisten Menschen erkennen den gemeinsamen Kern aller Religionen nicht und spalten sich ab. Das Problem ist nicht, dass verschiedene Religionen existieren, sondern dass die Menschen sich ihretwegen bekriegen. In allen Heiligen Schriften steht, dass wir jedem Menschen mit Liebe begegnen sollen. Nehme dir nicht die Menschen als Vorbilder, die aus Neid, Habgier und Hass handeln und Kriege beginnen. Sie sind es, die noch einen langen Weg vor sich haben. Handle klug und folge dem Pfad der Liebe, Barmherzigkeit und Güte. Viele Leute werden dir sagen, dass du damit in dieser Welt nicht überleben kannst – glaube ihnen nicht!

In Sura **17:84–85**[24] gibt Gott uns zu verstehen, dass es einzig und allein in seinem Ermessen liegt, einen wahren Gläubigen zu beurteilen.

Auch in Sura 23:44 steht: „Dann entsandten wir unsere Gesandten, einen nach dem anderen. Sooft ein Gesandter zu seinem Volk kam, bezichtigten sie ihn der Lüge. So ließen wir sie einander folgen und machten ihr (Schicksal) zu (viel erzählten) Geschichten …"

Sura 40:78 gibt uns den Hinweis, dass es noch Gesandte gibt, von denen in diesem Buch nicht berichtet wurde. Es wird Zeit, dass wir uns eingestehen, dass wir nicht alles wissen können und die Welt uns unfassbar viele offene Fragen hinterlässt. **Vers 78** lautet: „Und sicher entsandten wir schon Gesandte vor dir; darunter sind manche, von denen wir dir bereits berichtet haben, und es sind darunter manche, von denen wir dir nicht berichtet haben; und kein Gesandter hätte ohne Allāhs Erlaubnis ein Zeichen bringen können."

---

[24] Sura 17:84–85

Tod und Wiedergeburt

In **Sura 17:49–52**[25] wird auf die Wiedergeburt hingewiesen. In **Vers 49** erhält Gott die Frage: „Wenn wir zu Gebeinen und Staub geworden sind, sollen wir dann wirklich zu einer neuen Schöpfung auferweckt werden?" In den Heiligen Schriften finden wir immer wieder Verse über die Wiedergeburt und trotzdem werden diese weitgehend ignoriert.

Ich habe verschiedene Deutungen zum Thema Wiedergeburt gefunden:

In **Sura 19:12–34**[26] wird von Johannes dem Täufer, Mutter Maria und Jesus berichtet. Auch da finden wir über das Thema „Wiedergeburt" Verse.

In **Sura 19:15** und **19:33** steht: „Und Friede war auf ihm an dem Tage, als er geboren wurde, und an dem Tage, als er starb, und (Friede wird auf ihm sein) an dem Tage, wenn er wieder zum Leben erweckt wird."

Sura **19:66–67** Und der Mensch sagt: „Wie? Wenn ich tot bin, soll ich dann wirklich (wieder) zum Leben auferstehen?" (66) Bedenkt der Mensch denn nicht, dass wir ihn zuvor erschufen, als er ein Nichts war? (67)"

Sura 22:66 „Und er ist es, der euch das Leben gab, und dann wird er euch sterben lassen, und dann wird er euch (wieder) lebendig machen …"

Sura 30:11 „Allāh bringt die Schöpfung hervor; sodann lässt er sie wiederholen; dann werdet ihr zu ihm zurückgebracht.

Sura 30:27 „Und er ist es, der die Schöpfung hervorbringt, dann wiederholt er sie, und dies fällt ihm noch leichter …"

Sura 80:19–23 „Aus einem Samentropfen hat er ihn erschaffen und gebildet. (19) Dann hat er ihm den Weg leicht gemacht. (20) Dann lässt er ihn sterben und lässt ihn ins Grab bringen. (21) Dann, wenn er will, erweckt er ihn wieder (22). Nein! Wahrlich, er hat nicht getan, was er ihm geboten hat (23). In Vers 23 wird darauf hingewiesen, dass wenn

---

[25] Sura 17:49–52

[26] Sura 19:12–34

wir den rechten Weg nicht gehen, er uns, wenn er will, uns wiederkommen lassen kann."

Sura 23:114-115 „Ihr verweilt nur kurze Zeit, wenn ihr nur wüsstet! (114) Glaubtet ihr denn, wir hätten euch in Sinnlosigkeit erschaffen, und ihr würdet nicht zu uns zurückgebracht werden? (115)"

Sura 32:10 „Und sie sagen: „Wie? Wenn wir in der Erde verschwunden sind, dann sollen wir in einer neuen Schöpfung sein?" Nein, sie sind hinsichtlich der Begegnung mit ihrem Herrn ungläubig."

Sura 39:42 „Allāh nimmt die Seelen (der Menschen) zur Zeit ihres Sterbens (zu sich) und (auch die Seelen) derer, die nicht gestorben sind, wenn sie schlafen. Dann hält er die zurück, über die er den Tod verhängt hat, und schickt die anderen (wieder) bis zu einer bestimmten Frist (ins Leben zurück). Hierin sind sicher Zeichen für Leute, die nachdenken."

„In **Sura 31** finden wir die Geschichte von Luqmān der zum Volk des Propheten Hūd gehörte und „der Langlebige" genannt wurde (al-Mu'ammar). Ihm wurde ein langes Leben angeboten und er entschied sich für eine Lebensdauer von sieben Geiern. Als sein letzter Geier namens Lubad starb, starb Luqmān mit ihm. Einige Jahrhunderte nach Muhammed wird von Luqmān als Fabeldichter berichtet, der als Zimmermann, Hirte, Schneider und auch als ägyptischer, nubischer und äthiopischer Sklave erscheint. Diese im späten Mittelalter auftauchenden Fabeln sind dem griechischen Fabeldichter Äsop zuzuschreiben, dessen Geschichten ins Arabische übertragen wurden." (Quelle:18)

Meine Notizen

Der Hinduismus

Der Hinduismus

Durch Gandhis Lebensgeschichte, die verfilmt worden war, stieß ich auf den Hinduismus. Als ich dann Gandhis Autobiographie las, war ich erstaunt darüber, dass er Jesus' Lehre mit der Bhagavadgita (Heilige Schriften des Hinduismus) verknüpft hat. Gandhi schrieb darin, dass er in Manchester einen Christen traf und sie sich über das Christentum unterhielten. Er bat Gandhi, die Bibel zu studieren. Als ich las, wie schwer es Gandhi hatte, das Alte Testament zu verstehen, konnte ich das nachempfinden. Er fing sogar an, in der Tora „Genesis" zu lesen, was er nach eigener Aussage ausnahmslos als einschläfernd empfand und die Inhalte ihm sogar teilweise missfielen.

Dagegen entsprach die Bergpredigt im Neuen Testament seinem Herzen. Gandhi verglich sie mit der Bhagavadgita. Eine Stelle daraus gefiel ihm besonders: „Ich aber sage euch, dass ihr dem Übel nicht widerstehen sollt, sondern so dir jemand einen Streich gibt auf deinen rechten Backen, dem biete den anderen auch dar. Und so dir jemand deinen Rock nimmt, dem lass auch den Mantel". (Quelle:19)

Er erinnerte sich an folgende Worte von Shamal Bhatts: „Für eine Schale Wasser gib ein tüchtiges Mahl …".

Gandhi kam auf seinen Reisen mit vielen Christen zusammen und konnte sich so einen weitgefächerten Eindruck vom Christentum machen. Dass Jesus die einzige Inkarnation Gottes und der Vermittler zwischen Gott und Mensch sein sollte, überzeugte Gandhi nicht. Wenn man sich Jesus' Lehre genau ansieht, erkennt man, dass Jesus immer Gleichheit und bedingungslose Liebe verbreiten wollte. Er hat sich selbst nie auf ein Podest gestellt, sondern die Menschen um ihn herum taten das. Er sprach auch immer davon, dass wir alle Kinder Gottes seien – *wie kann man dann sagen, dass er der einzige Sohn Gottes sei?* Die Spaltung der Menschen untereinander kommt von ihnen selbst und nicht von Gott. Ohne Frage, ich sehe Jesus' Lehre als sehr wichtig und bedeutend an, aber ich glaube, dass es viele von Gott gesandte „Lehrer der Liebe" auf dieser Welt gibt!

Zum Zeitpunkt, als ich die Bhagavadgita las, wusste ich noch sehr we-

nig über den Hinduismus, lediglich, dass es unzählige Götter geben sollte. Ich wollte es genauer wissen: An was oder wen glauben die Hindus?
Ich will es kurz erläutern: Die drei Götter Brahma, Vishnu und Shiva
bilden eine Dreieinigkeit. Brahma erschafft unser Universum, Vishnu
erhält es, Shiva zerstört bzw. transformiert es, um es vom Bösen zu befreien. Um das als Fremde dieser Kultur einigermaßen zu verstehen, las
ich mich durch viele Bücher und hörte Podcasts. Daraufhin entschied
ich mich, die Bhagavadgita in dieses Buch mit aufzunehmen, weil ich in
der Lehre von Krishna unglaublich viel Liebe, Barmherzigkeit und Vergebung entdeckte. Ich glaube, dass wir diese Lehre in vielen Religionen
gleichermaßen finden können.

Was ich sehr interessant fand, ist, dass auch Gandhi den Hinduismus
nicht als vollkommene Religion ansah, weil er ihre Mängel in bedrü-
ckender Weise täglich vor Augen geführt bekam: Er konnte die Existenz-
berechtigung einer Vielzahl von Sekten und Kasten nicht verstehen. Wie
ich schon in den vorherigen Kapiteln erläutert habe, kann man meiner
Meinung nach keine Religion über die andere stellen. Ihr gemeinsamer
Kern ist immer die „Lehre der Liebe". In den Heiligen Schriften findet
man immer wieder Warnungen vor falschen Lehrern, also sei wachsam.
Erforsche deine Religion und deinen Glauben selbst, indem du beim
Lesen auf dein Herz hörst. Ich möchte dir eine Geschichte aus Gandhis Leben erzählen, die zeigt, dass Liebe jedes Hindernis durchbrechen
kann. Er hatte einen Freund, einen Juden aus England, der sich in eine
Christin verliebte. Die beiden wollten heiraten, aber das war wohl nicht
so einfach. Da lud Gandhi das Pärchen kurzerhand zu sich nach Jo-
hannesburg ein, um ihnen die Heirat zu ermöglichen. Das Pärchen ver-
zichtete bei seiner Hochzeit auf jegliche spezielle Kleidung und religiöse
Riten, um den Bund zu besiegeln. Nichts davon war ihnen wichtig, ihre
gemeinsame Religion war die der Ethik.

Das können wir uns ebenfalls zu Herzen nehmen und uns fragen, was
uns wirklich wichtig ist.

Bhagavadgita

Die Bhagavadgita, oder auch kurz Gita, ist eine erzählende mystische Versdichtung über Leben, Tod, Liebe und Pflicht und stammt von den Völkern, die vor tausenden von Jahren in den Flusstälern im südlichen Asien siedelten und eine hochentwickelte Kultur hervorbrachten. Mahabharata[27] ist ein literarisches Meisterwerk über die Höhen und Tiefen der menschlichen Seele. Die Gita enthält die geistliche Essenz Indiens, die sittlichen und spirituellen Prinzipien, wie man sie in den allerfrühesten Heiligen Schriften dieses uralten Landes findet. Eine von diesen, Rigveda[28], soll die älteste schriftliche Aufzeichnung der Menschheit sein! Dieses uralte Buch handelt nicht davon, dass man sich aus der Welt zurückzieht, um in einer Höhle zu meditieren. Es hat mehr etwas von einem Leitfaden, an den man sich halten kann, von einem freundlichen Ratgeber, mit dessen Hilfe man hier und heute ein spirituelles, zielbewusstes und erfüllendes Leben führen und dabei zugleich ganz aktiv in der Welt verbleiben kann.

In der Gita geht es größtenteils darum, wie man Kummer und Schmerz im Leben reduzieren und so Zufriedenheit und Gemütsruhe erlangen kann, was ein wundervolles Ziel ist. Aber die wesentliche Botschaft ist die des höchsten Gewinns: die Befreiung und Selbstverwirklichung in diesem Leben. Sie handelt aber nicht nur von der Suche nach diesen Dingen, sie ist eine detaillierte Wegekarte für die Reise selbst. Ein Handbuch, gemäß dem man ein befriedigendes Dasein hier und jetzt, selbst in diesen harten und beunruhigenden Zeiten, zu leben vermag. Ein weiteres Thema der Gita ist der Tod und was danach geschieht. Die Botschaft der Gita ist voller tiefgründiger und spiritueller Grundgedanken.

Sanskrit ist die Ausgangsprache der Gita, sie enthält genau festgelegte Bezeichnungen für spirituelle und philosophische Grundgedanken, die, in moderne westliche Sprachen übersetzt, sehr komprimiert klingen,

---

[27] Die Gita ist ein Teil der Mahabharata (das bekannteste hinduistische Epos, unter Epos versteht man heute eine „umfangreiche Erzählung".)

[28] Rigveda beinhaltet die ältesten Verssammlungen der Gita.

wie eines dieser alten Telegramme. Wichtige Einzelheiten fehlen, und die Hintergründe muss man sich oftmals zusammenreimen.

Obwohl die in der Gita enthaltenen Weisheiten auf verschiedene Arten, zu verschiedenen Zeiten von verschiedenen Völkern dieser Welt dargelegt wurden, sind sie den Menschen seit Jahrhunderten bekannt. Alle Nationen und Zeitalter hatten zwar jeweils ihre eigene Gottesvorstellung und doch gibt es für sie alle Gott in seiner Essenz, die Wahrheit und das Gute. Alle höher entwickelten Religionen und philosophischen Systeme stimmen hinsichtlich dieser Grundelemente fast vollständig überein.

Die Gita muss man mit dem Herzen lesen!

Die Gita zu lesen heißt, sanft hin- und herzupendeln zwischen dem Kopf und dem Herzen, zwischen dem Weltlichen und dem Spirituellen, und dabei eine Brücke zu schlagen zwischen dem Erlangen von Erkenntnissen und deren Anwendung in der heutigen wirklichen Welt.

Welche Rolle spielt Arjuna?

Arjuna ist die zentrale Heldengestalt der Gita. Er ist der dritte Sohn des Königs Pandu und außerdem Krishnas Dialogpartner in der Gita. Im Jahr 3141 v. Chr. machte sich Prinz Arjuna bereit, um in die Schlacht zu ziehen. Dieser Kampf diente zur Wiedergewinnung eines Königreichs, das rechtmäßig ihm gehörte. Obwohl er berühmt für seinen Heldenmut war, fingen seine Hände an zu zittern, als er sich in seinem Kriegswagen befand. Der Wagenlenker, Arjunas bester Freund seit ihrer Jugend, war Krishna, ein Avatar[29]. Arjuna war sich über Krishnas Göttlichkeit nicht bewusst, der ihn den Wagen in die Mitte des Feldes lenken ließ, wo die Schlacht bald beginnen sollte. Der Geruch des Kriegsvorspiels lag bereits in der Luft, als sich beide Seiten auf dem Schlachtfeld versammelt hatten. Als Arjuna die gegnerischen Streitkräfte sah, erkannte er unter ihnen ehemalige Freunde, geliebte Onkel und Lehrer, die ihm

---

[29] Krishna ist die Inkarnation des Höchsten

seine Kriegsfertigkeiten beigebracht hatten. Da packte ihn der Zweifel, er sank in sich zusammen und sah Krishna an …

Wenn wir die Gita durchleuchten, lernen wir dabei, das Leben besser zu verstehen. Es ist eine Schlacht, die in uns selbst stattfindet und unumgänglich ist. Dabei finden wir heraus, dass unsere wahren Feinde nicht im Außen liegen, sondern im Inneren. Das beinhaltet auch unsere Habgier und unseren Zorn, der unseren Untergang besiegelt.

Die Gita teilt dir mit Arjunas Geschichte mit, dass Spiritualität die Lösung ist und zum Sieg führt. Wende dich nach innen und behalte das wahre innere Selbst im Auge.

Weiter geht es …

Mitten auf dem Schlachtfeld zweifelte Prinz Arjuna an sich. Als ihn der Mut verließ, und ihm die Tränen in die Augen stiegen, sank er in sich zusammen und bat Krishna um Rat. Da kam Gott mitten in diesem Krieg zu seinem Freund, dem Menschen, und erläuterte ihm die Gesetze und Prinzipien, die das menschliche Leben bestimmen.

Wir sehen Arjuna, den man als mutigen Krieger kennt, in der Gita auf dem Schlachtfeld, in einem Moment großer Schwäche, auf der Suche nach der Antwort auf seine Frage nach dem Sinn des Lebens. Krishna stellt ihm die Frage, ob er das wirklich wissen wolle und gibt ihm seine Antwort – direkt aus der höchsten Quelle …

„Die 18 Kapitel der Gita lassen sich in drei Gruppen einteilen. Die ersten sechs Kapitel konzentrieren sich hauptsächlich auf das Erkennen, Erfassen des wahren Selbst und gleichzeitig auf die dringende Notwendigkeit, die eigenen weltlichen Pflichten erfolgreich zum Wohl der Gesellschaft zu erfüllen. Die nächsten sechs befassen sich mit der wahren Natur Gottes und der großen Liebe zu ihm, die daraus entspringt, dass man ihn genau erfasst und kennt. Die abschließenden sechs Kapitel stellen spezielle Erkenntnisse und Weisheiten für die Erlangung des wahren Daseinszwecks bereit, der darin besteht, dass wir uns von dem unvermeidlichen Schmerz und Kummer befreien, die das Leben uns zuteil, und letztendlich in jener Gottheit, in Gott selbst aufgehen.

Das sind alles außergewöhnlich bedeutsame und kraftvolle Ideen, die zahlreiche Feinheiten und Nuancen des Denkens aufweisen. Krishna stellt jede einzelne dieser gewaltigen Ideen nach und nach, Stück für Stück, Kapitel um Kapitel dar, bis das ganze Bild hell erstrahlt. Man stelle sich das vor! Ein Mann, mit dem wir uns alle identifizieren können, ist in einer ernsten Notlage, an einem Scheideweg, von den großen Bedrängnissen und komplexen Sachlagen des Lebens in die Knie gezwungen und streckt zitternd die Arme aus. Und sein bester Freund, eine Inkarnation Gottes, nimmt ihn bei der Hand und führt ihn zur rettenden Antwort, indem er Schritt für Schritt die tiefgründigsten Geheimnisse aller Zeiten erläutert.

Ganz zu Anfang der Geschichte gehen die meisten Leser mit Arjunas Antikriegs-Gesinnung konform, sind dann jedoch bestürzt, wenn Krishna, der Krieg faktisch zu rechtfertigen scheint, ihm sagt, er solle sich aufraffen und kämpfen! Der Schock verringert sich, während wir nach und nach lernen, dass nicht das Eintreten für oder gegen Krieg zur Debatte steht oder gar die Entscheidung für das Töten oder das Getötet-Werden, sondern dass es sich vor allem darum dreht, der eigenen inneren Wahrheit gemäß zu leben und seine Pflicht zu tun. Wir müssen uns ständig daran erinnern, dass die Schlacht metaphorische Bedeutung hat, dass der Krieg im Inneren eines jeden von uns geführt wird und unser ganzes Leben hindurch andauert." (Quelle:20)

Bedeutsame Verse aus der Gita

In der **Gita, Kapitel 4, Vers 11** fand ich eine interessante Aussage von Krishna: „In der Weise, in der die Menschen zu mir kommen, werden sie belohnt. Auf jede Weise beschreiten die Menschen meinen Weg."

Verschiedene Sichtweisen!

Es gibt verschiedene Weisen, Gott zu sehen. Jeder empfindet Gott anders, manche sehen Gott als Krishna, als Jesus, als Allāh, als die Weltenmutter, als kosmische Intelligenz oder als abstraktes höheres Selbst. Sobald wir ihn suchen und ihm nahe sein wollen, so wird er sich als ein unbeschreibliches Gefühl zeigen.

Es gibt so viele verschiedene Wege, Gott zu verehren. Manche verehren ihn durch Gottesdienste, andere durch Singen, Rituale, durch ihre Hingabe an ihre Familie oder soziales Engagement. Manche verehren Gott, indem sie künstlerisch tätig sind, um Schönheit zu manifestieren. Gott erscheint in allem.

In der **Gita, Kapitel 7, Vers 20** sagt Krishna: „Menschen, die durch diesen oder jenen Wunsch ihre Weisheit verloren haben, gehen zu anderen Göttern und folgen von nach ihrer Natur geführt diesen oder jenen Ritus."

Es gibt nur EINEN!

Im Alten Testament finden wir die Aussage: „Du sollst keine anderen Götter neben mir haben!" Jesus sagte im neuen Testament: „Keiner kommt zum Vater, als durch mich!" Im Qur'an heißt es: „Es gibt keinen Gott, außer Gott." In den alten Schriften wiederum wird Gott als eifersüchtig beschrieben, der keine anderen Götter neben sich haben will. Was damit gemeint ist, ist, dass es letztendlich keine anderen Götter gibt! Es gibt nur einen einzigen Gott, egal ob Christen, Hindus oder Moslems Gott verehren. Was kann das bedeuten?

Menschen verehren die Reichtümer dieser Welt so sehr, dass sie sich in ihnen verlieren. Krishna sagt: „Wenn man den Wunsch hat, kann man die Weisheit verlieren." Aus Wünschen entsteht dann eine Verehrung ebenjenem, was man praktisch zu Göttern werden lässt: Das Geld, das Auto oder die Firma. Doch das hilft dir nicht weiter auf deinem Weg zur Selbstverwirklichung. Wenn du statt Gott andere Dinge verehrst und ihnen deine ganze Aufmerksamkeit und Liebe schenkst, ohne dabei Gott zu danken, dann befindest du dich auf dem falschen Weg.

Sei dir bewusst: die Ehrerbietung, die du anderem gegenüber hast, kann ein Ausdruck deiner Ehrerbietung an Gott sein! Auch wenn du weltliche Motive hast, kannst du diese auf Gott ausrichten. Du kannst eine Firma aufbauen und dadurch Gutes bewirken. Egal was du tust, wenn du hinter allem das Göttliche siehst, wirst du auch das Göttliche erfahren. So kannst du sehr wohl auch eine Hochachtung vor deinem Auto haben, eine große Liebe zur Familie haben, du kannst all das nehmen als Ausdruck der Liebe und Ehrerbietung zu Gott – damit verehrst du nur Gott!

Schriften können verwirrend sein

Die Wahrheit zu erkennen, ist nicht leicht. Es heißt nicht umsonst: „Der Teufel kann die Schriften zitieren."

Man sollte sich nicht an der wörtlichen Auslegung aufreiben. Schriften sind ein Mittel zum Zweck. Schriften sind ein Kompass, der den Weg weisen kann, aber sie sind nicht der Weg selbst und auch nicht das Ziel. Die Schriften sind wie Wegweiser zur höchsten Wirklichkeit.

Um das Kapitel über den Hinduismus abzuschließen, folgen nun einige Unterkapitel über die Entstehung und den Zweck der Bhagavadgita und warum so viele Götter entstanden sind, sowie über ihre Bedeutung. Lies gern weiter, wenn du etwas mehr erfahren möchtest!

Hinduistische Schriften und Symbolik

Man nennt die Schriften aus dem Hinduismus Veden[30] und Upanishaden[31]. Ihr Ziel ist, das Bewusstsein des Menschen zu fördern und sie somit zur höchsten Wahrheit zu führen. Wie immer liegt die Wahrheit allerdings in dir.

Die alten Schriften sind für die meisten Menschen nicht begreifbar und so entstand der „Pfad der spirituellen Lehre", der jedem leicht zugänglich ist und dem bereits viele folgen.

Wir Menschen neigen dazu, das Schöne zu lieben, Großartiges zu bewundern und das Heldenhafte nachzuahmen. Deswegen brauchen wir einen Freund, Philosophen und Führer in unserem Leben. Die damaligen Seher und Heilige wollten mit diesen Schriften das Bedürfnis der Menschen erfüllen.

---

[30] Wissen; heilige Lehre

[31] Die wichtigsten uralten Schriften Indiens

Die Inspiration für die spirituelle Praxis

In den Puranas[32] finden wir die Geschichten der Götter, Weisen, Könige, Heiligen und moralischen Helden. Diese Göttersagen vermitteln spirituelle und moralische Werte und regen die Liebe für Gott an.

Zurück zur Achtsamkeit

Es ist lange her, als die Menschen in Harmonie mit der Natur lebten. Sie betrachteten alles als göttlich, aber durch die Weiterentwicklung vor allem der technischen Errungenschaften ging das feine Bewusstsein verloren und so fingen die Gurus[33] an, spirituelle Lehren zu vermitteln. So entstanden im Laufe der Zeit auch Feuerzeremonien, die zum Wohlergehens der Welt durchgeführt wurden. Sie konnten aber anscheinend die Masse damit nicht erreichen und so ließen unterschiedliche Rishis[34] eine neue Generation an Gottheiten entstehen, um mehr Menschen dafür zu begeistern und ihre verschiedenen Bedürfnisse zu erfüllen.

Warum sind Symbole für den Menschen wichtig?

Symbole machen das Abstrakte begreifbar. Wir können uns eine vierte oder gar fünfte Dimension nur unvollständig vorstellen. Wie könnten wir das Unendliche dann begreifen? Unser begrenztes Bewusstsein braucht etwas, um einen Bezug aufzubauen. Daher verwenden alle Religionen Symbole und Abbilder. Sie haben den Zweck, eine Fokus-Möglichkeit für Hingabe und geistige Betrachtung zu bieten. Aber nicht nur im Glauben benutzen wir Symbole, auch in unserem täglichen Leben. Wenn wir beispielsweise eine Flagge hissen, ist das nicht nur ein Stück Stoff, sondern sie repräsentiert ein ganzes Land und sein Volk.

---

[32] Enthalten Fabeln, Märchen, Philosophie, Religion, Mythen und Legenden

[33] Religiöser Lehrer im Hinduismus

[34] Seher

Die Götter des Hinduismus

Brahman

Zu Beginn der Schöpfung gab es nur Brahman – das Unendliche, das Ewige, das Absolute. Dieses Unendliche, Sat-Chid-Ananda genannt, das, was war, ist und wird sein. Dieses Unendliche wird als unendlicher Ozean dargestellt. So wie in einem Ozean alles im Ozean ist, so sind im Ozean alle Wellen und alle Bewegungen (Die Welt, ein Traum Gottes)

Shakti

Shakti bedeutet so viel wie Energie – deine innere Stärke, deine Fähigkeiten, die du aktivieren kannst. Shiva (siehe folgender Absatz) verbindet sich mit Shakti und ermöglicht dir somit deine Selbstreflektion. Die Shakti ist eines der sechs Teile eines Mantras und aktiviert die ihm innewohnende dynamische Kraft und Energie. Durch die Klänge des Mantras wird die Energie in Schwingungsform gebracht. Es bringt den Menschen zu der angebeteten Gottheit (Devata[35]).

Die göttliche Trinität Brahma – Vishnu – Shiva

Diese drei göttlichen Aspekte stellen die drei fundamentalen Kräfte der Natur dar, die es in der Welt gibt: Schöpfung, Erhaltung und Zerstörung. Als Teil der göttlichen Trinität Brahma – Vishnu – Shiva manifestiert sich Shiva als der Zerstörer. Als solcher ist er jedoch auch Ursache der Schöpfung, denn ohne die Zerstörung des alten Zyklus kann keine neue Schöpfungsperiode entstehen. Brahma wirkt als Schöpfergott und Vishnu als Gott der Erhaltung. Shiva verkörpert Tamas[36] oder die Tendenz zur Auflösung und Vernichtung. Das Universum ruht nach der

---

[35] Gottheit, Lichtwesen, das von Licht ganz durchdrungen ist.

[36] Tamas ist die Kraft der Verschleierung, umnebelt in der Dunkelheit den Geist

Zerstörung und vor dem nächsten Schöpfungszyklus in Shiva. Parvati, die als Muttergöttin definiert wird, ist die Gattin und Shakti (Energie) von Shiva.

Vishnu ist der erhaltende Aspekt von Ishvara/Gott bzw. Brahman, dem allmächtigen kosmischen Bewusstsein. Vishnu ist der Erhalter, also das Gleichgewicht zwischen Brahma, dem Schöpfer, und Shiva, dem Zerstörer. Vishnus Gattin ist Lakshmi, die Göttin der Schönheit, des Reichtums, der Liebe und der Freude. Wie eine Mutter gibt sie alles, was die Lebewesen auf der Erde brauchen. Auf der spirituellen Ebene repräsentiert sie die Ansammlung von positiven Charaktereigenschaften sowie von Prana[37].

Brahma vermählt sich mit Saraswati, der Göttin des Lebens und der Weisheit. Als seine Frau wird sie zur Mutter der gesamten Schöpfung. Da Gott weder männlich noch weiblich ist, sondern beides zusammen, verkörpert Brahma vereint mit Saraswati die Einheit „Gott".

Vahanas – Die Transportmittel der Götter

Die Fortbewegungsmittel der Götter sind ein Symbol für unsere Wünsche und unser Verlangen, die wir durch die sinnbildlichen Zügel in den Händen unter Kontrolle halten sollen. Dieses Bild warnt uns vor Selbstzerstörung, indem wir uns nur auf das Haben konzentrieren, anstatt auf das Sein. Ein Beispiel: Brahma lässt sich von seiner mystischen Gans begleiten, die ihn blitzschnell an jeden gewünschten Ort im Universum fliegen kann und Vishnu sitzt auf der Urschlange, die das Streben nach Bewusstsein in der Menschheit repräsentiert. Vergessen wir nicht Shiva, der auf dem Nandi-Stier reitet, der für die brutale und blinde Kraft sowie die ungezügelte sexuelle Energie im Mann steht – die Qualitäten, die nur er uns helfen kann zu kontrollieren. Die Vahanas können Talente darstellen, die Mängel in den Fähigkeiten der Gottheit ausfüllen.

---

[37] Bedeutet Atem, Leben, Seele, Lebenskraft

Warum bilden die Götter Paare?

In der hinduistischen Mythologie wird die dynamische und statische Energie der Schöpfung Gottes als Paar betrachtet. „Shakti" steht für die Quelle, die kosmische Energie.

Die wichtigste Kraft ist Brahman, das allmächtige kosmische Bewusstsein. Wenn sich Brahman manifestiert, wird es zu Ishvara[38].

Die bekanntesten Erscheinungsformen von Ishvara sind Brahma, Vishnu und Shiva. Sie stellen die Dreieinigkeit dar, die ich weiter oben schon erwähnte.

Warum halten Götter Waffen in ihren Händen?

Die Waffen der Götter sind Symbole und stehen bildhaft für die Zerstörung der Vasanas, unserer Verhaltensmuster und unseres Verlangens. Da die Vasanas unsere innewohnende Göttlichkeit verdecken, müssen sie aufgelöst werden, um das göttliche Selbst zu erreichen. Ganesha beispielsweise hält sowohl eine Axt als auch ein Seil in seinen Händen. Die Axt symbolisiert dabei die Zerstörung aller Wünsche und Bindungen. Mit dem Seil wiederum werden Suchende aus ihren weltlichen Problemen herausgezogen und an die in ihnen Selbst innewohnende ewige Glückseligkeit gebunden. Des Weiteren setzt Shiva einen Dreizack als seine göttliche Waffe ein. Der sogenannte Trisula steht für die dreifältige Wunschnatur des Körpers, Fühlens und Denkens sowie für die Vernichtung des Egos.

Dieser kleine Einblick soll dir ein Gefühl dafür geben, auch wenn dir diese Kultur zunächst als sehr fremd erscheint, wir doch mit unserer Lebenseinstellung verbunden sind. Wir haben mit unserem christlichen Glauben mit dem Hinduismus sehr viel gemeinsam. Es ist unsere eigene Grundstimmung beim Lesen, die uns den Weg durch diese uralte Schrift ebnet. Wenn wir aufnahmebereit sind, Skepsis ablegen, übereilte

---

[38] Herr mit den besten Eigenschaften

Urteile aufschieben und mehr Geduld aufbringen, lassen wir eine neue Vorstellung von Einheit und Göttlichkeit in uns eindringen und eine Weiterentwicklung zu neuen Denkweisen und Seinsweisen zu.

Meine Notizen

Wichtige Propheten aus den Heiligen Schriften

Wichtige Propheten aus den Heiligen Schriften

Hier möchte ich euch anhand einiger wichtiger Propheten die Verbindungen zeigen, die zwischen den Heiligen Schriften existieren. Die erste Gemeinsamkeit ist, dass die Inhalte der Tora identisch sind mit denen des Alten Testaments aus der Bibel. Der einzige Unterschied ist, dass die Geschichte in diesem zusammengefasst wurde und alles weitaus weniger ausführlich beschrieben wird, wie es in der Tora der Fall ist. Ich beginne ganz am Anfang.

Die Texte sind in altertümlicher Schreibweise, die aus der damaligen Zeit stammt. Habe daher immer die Weiterentwicklung der Menschheit im Hinterkopf. Vieles in den Schriften wurde zum Schutz der Menschen empfohlen und nicht zu deren Unterdrückung. Die meisten Leserinnen und Leser machen den Fehler, die Inhalte wortwörtlich zu nehmen, anstatt sich tiefgreifende Gedanken über die tatsächliche Bedeutung zu machen. Wenn du geistig wachsen willst, ist es notwendig, dir die Zeit zu nehmen, hinter die Fassade zu blicken. Dieses Buch soll dich dabei unterstützen und dich auf die zentralen Botschaften aufmerksam machen. Alles andere liegt in deinem Betrachten.

Henoch

(In der Tora „Chanoch"; in der Bibel: „Henoch"; im Qur'ān „Idris")

Henoch war ein Prophet und stammte aus der siebten Generation nach Adam ab. Er war der älteste Sohn von Jered.

Für mich war Henoch eine Schlüsselfigur, durch ihn vertiefte ich mein Verständnis der Heiligen Schriften. Erst durch ihn wurden sie greifbarer für mich, wie ich auch schon am Anfang des Buches erwähnte.

Im **Buch der Jubiläen** (oder Kleine Genesis-Auszüge) (Quelle: 21) fand ich über Henoch wichtige Aussagen. In **Vers 16–21** (vgl. S. 119) wird berichtet, dass Henoch der Erste unter den Menschen gewesen sei, der das Schreiben erlernt und damit Wissen und Weisheit erworben habe. Dadurch habe er die Zeichen des Himmels erkennen können, wodurch der Kalender geboren wurde. Henoch habe im Schlaf eine Vision der Vergangenheit und Zukunft aller Menschen aus allen Generationen der Erde gehabt. Er sah und verstand vollumfänglich und schrieb es nieder. 294 Jahre soll er bei den Engel Gottes gewesen sein, die ihm alles gezeigt und ihm das Wissen über das Gesetz der Sonne gegeben hätten.

In der **Tora Genesis 5,18–24** und in der **Bibel, Altes Testament, Erstes Buch Mose 5,18–24**, (ca. 1440 v. Chr.) wird von Henoch berichtet, dass er im Alter von 65 Jahren begonnen habe, mit Gott zu wandeln und dass ihn Gott mit 365 Jahren schließlich zu sich genommen habe, weil er mit Gott diese einzigartige spirituelle Beziehung hatte.

Im **Neuen Testament**[39] der **Bibel** steht im **Hebräerbrief 11,5–6** (ca. 70 n. Chr.): „Durch den Glauben wurde Henoch in den Himmel aufgenommen, ohne zu sterben, denn niemand sah ihn mehr, weil Gott ihn zu sich nahm ...” Im **Qur'ān** in der **Sura 19:56–57** und der **Sura 21:85–86** (vgl. S. 120) wird Henoch ebenfalls erwähnt. Es gibt noch einiges mehr zu berichten von diesem bedeutenden Propheten.

Im **Buch der Geheimnisse des Henoch von W. R. Morfill, Kapitel 24,1–5** (Quelle: 22) (vgl. S. 120) wird über die großen Geheimnisse Gottes erzählt, die Gott Henoch mitgeteilt habe, und wie er mit ihm von Angesicht zu Angesicht gesprochen habe. Er habe Henoch im Beisein von Engel Gabriel offenbart, dass er alles aus dem Nichtsein heraus geschaffen habe, sowie alle sichtbaren Dinge aus dem Unsichtbaren.

Es ist schon eigenartig: Einerseits wissen wir, dass Gott alles möglich ist und trotzdem – wenn wir so etwas hören, scheint es für uns nach wie vor undenkbar. Diese Beschreibungen über die Entstehung der Erde sind so bildlich geschrieben, weil unsere Vorstellungskraft zur gering und unser Verstand nicht in der Lage ist, es zu erfassen, was wirklich passierte.

---

[39] Bibel/Der Brief von Judas 1,14 (ca. 65–70 n. Chr.); Lukas 3,37–38 (um ca. 60 n. Chr.)

Wie unglaublich ist es, etwas über die Evolution von Engeln und Menschen auf der Erde und in anderen Weltensystemen zu erfahren. Einmal ans Licht gebracht und von beherzten Menschen umgesetzt, werden diese Informationen der Grund sein für den Beginn eines neuen Zeitalters des Friedens und der Erleuchtung.

Kain und Abel

(In der Tora: Kajin, Hewel und Schet; in der Bibel: Kain, Abel und Set; im Qur'ān: Qabil, Habil und Seth)

In der **Tora Genesis Bereschit 4,1–15** und **4,25–26** wird von Adam[40] und Eva und ihren zwei Kindern namens Kain[41] und Abel[42] erzählt. Kain war voller Eifersucht und neidisch auf Abel, weil dieser nach Kains Empfinden mehr Beachtung bekam. In seiner rasenden Wut erschlug er Abel. Aus Scham und Angst vor Strafe lief er daraufhin weg und die Eltern hatten nun zwei Kinder verloren. Diese Geschichte kann uns ein Beispiel sein: Wir sollten uns in Acht nehmen, denn durch unsere negativen Gedanken entsteht Eifersucht, die dann letztendlich zu bösen Taten führen kann. Dadurch, dass Kain einem einzigen schlechten Gedanken die Macht überließ, wurde eine ganze Familie zerstört – den einzigen Trost fanden die Eltern in ihrem dritten Kind namens Set[43].

Zu dieser Geschichte findest du mehr Informationen in der **Bibel, Altes Testament, Erstes Buch Mose 4,1–15; Erstes Buch Mose 4,25–26**; in dem Buch **„Die Testamente der zwölf Erzväter (Auszüge)"** (Quelle:23) (vgl. S. 121) und im **Qur'ān Sura 7:26–31** und **Sura 5:27–32** (vgl. S. 122–123).

---

[40] Hebr. „der Mensch"

[41] Der Name Kain könnte „Gewinn" oder „Erwerb" bedeuten.

[42] Hebr. „Vergänglichkeit"

[43] Bedeutet wahrscheinlich „geschenkt"; der Name kann auch „eingesetzt" bedeuten.

Noah

(In der Tora: Noach; in der Bibel: Noah; im Qur'ān: Nuh)

Noahs Geschichte beginnt mit den gefallenen Engeln, die die Erde zu einem grauenvollen Ort gemacht hatten. Deswegen plante Gott, die Sintflut zur Reinigung zu senden. Solche Naturkatastrophen geschehen heutzutage weltweit, weil die Natur nicht mit den Menschen im Einklang steht.

Noah, der Urenkel Henochs, glaubte aber an seine Rettung, weil er wusste, wer er war. Was von den Nachkommen der gefallenen Engel bis heute übriggeblieben ist, sind die bösen Geister, die unsere schlechten Gedanken und Wörter bilden, und letztendlich unser böses Tun verursachen. Der Herzenszustand der Menschen zur Zeit Noahs war leidvoll. Die Seelen, die qualvoll in ihrem Schmerz erstickten, schrien den Wunsch nach Erlösung aus.

Auch heute können wir beobachten, wie Menschen sich selbst zerstören, weil sie sich mit dem Bösen in ihrem Herzen beschäftigen, undienliche Vorstellungen nicht loslassen und negative Gedanken haben. Wir können uns nicht vorstellen, wie viele Bereiche unseres Lebens in Ordnung gebracht werden könnten, wenn wir nur unser Herz mit Gottes Hilfe heilen würden.

Wir brauchen eine andere Einstellung zum Leben, denn diese bestimmt im Grunde alles andere. Wenn unser Herz voller pessimistischer Einstellungen und unser Geist voll von bösartigen Gedanken ist, werden wir im Leben nicht viel erreichen. Wir können aber auch auf unsere innere Stimme hören und ihr folgen, damit wir die notwendigen Schritte gehen können.

Eine Hilfe kann das Sprichwort, das von Jesus stammt, sein: „Man erntet, was man sät!" So können wir erkennen, dass wir nicht schlechte Saat in uns aufnehmen und dann gute Früchte hervorbringen können. Wir benötigen eine größere Achtsamkeit auf unser Handeln, auf unsere Gedanken, Vorstellungen, Motive, Absichten und Einstellungen.

Was immer du auch tust, achte darauf, dass du ein aufrichtiges Herz bewahrst! Wenn wir die Lehre der Liebe leben, wird all das Schlechte in uns gewandelt werden. Der starke, wachsende Glaube wird das Böse machtlos machen, denn wo die Liebe ist, kann das Böse nicht existieren. Jeder einzelne trägt selbst die Verantwortung, und welches Karma auf dich zurückfällt, liegt in deiner Hand.

Wir finden in den Heiligen Schriften Verknüpfungen zwischen Noah und seinem Urgroßvater Henoch, die sehr kompliziert und umfangreich sind. Von ihnen wird im verbotenen „**Das Henoch Buch**" (Quelle: 24) Kapitel 7,1–15; 10,1–29; 64,1–11; 66,1–3; 67,1; 105,16 und 105,20 (s. S.120–123) berichtet und die Verbindungen zur Tora, Bibel und dem Qur'ān dargelegt.

Noahs Geschichte lesen wir zusätzlich in der **Tora Genesis 5,1–6,4** und **Genesis 6,8–9,19**. Die verkürzte Version ist in der **Bibel, Altes Testament, Erstes Buch Mose 5,1–32; Erstes Buch Mose 6,1–22; Erstes Buch Mose 7,1–24; Erstes Buch Mose 8,1–22; Erstes Buch Mose 9,1–17; Erstes Buch Mose 9,18–19**. Weitere Verbindungen finden wir auch in der **Bibel, Neues Testament, Zweiter Petrusbrief 2,4–5** und **Erster Petrusbrief 3,20–22**. Dazu die Bestätigungen im **Qur'ān Sura 7:59; Sura 10:71–74; Sura 23:23–30 und Sura Nuh (Noah) 71** (vgl. S. 128–130).

Abraham

(In der Tora: Awraham; in der Bibel: Abraham; im Qur'ān: Ibrahim)

„Abraham ist als Stammvater Israels eine zentrale Figur der Tanach[44] und des Alten Testaments (Bibel). Er gilt auch als Stammvater der Ara-

---

[44] Tanach ist eine von mehreren Bezeichnungen für die Hebräische Bibel, die Sammlungen heiliger Schriften des Judentums. Der Tanach besteht aus den Teilen „Tora" (Weisung), „Nevi'im" (Propheten) und „Ketuvim" (Schriften).

ber; von seinem Sohn Ismael soll der Prophet des Islam, Muhammed, abstammen. Abrahams Geschichte wird im biblischen Buch Genesis in der Tora (bzw. **Bereschit, Gen 12-25**) erzählt. Demnach gehört er zusammen mit seinem Sohn Isaak und seinem Enkel Jakob zu den Erzvätern[45], aus denen laut biblischer Überlieferung die Zwölf Stämme des Volkes Israel hervorgingen, womit Abraham auch ein Vorfahre Jesu ist. Da sich sowohl Judentum, Christentum als auch der Islam auf Abraham als ihren Stammvater beziehen, werden sie auch als die drei abrahamitischen (Welt-) Religionen bezeichnet." (Quelle: 25)

In der Geschichte wird Gott als Zerstörer dargestellt: Wenn die Menschen nicht ihm gehorchen, bestraft er sie. Als ich las, dass Abraham seinen Sohn opfern solle (**Erstes Buch Mose 22,1-24**), klang das für mich undenkbar. Wo war der liebende Gott, den ich kennengelernt hatte? Was wäre, wenn Abraham einer Täuschung erlegen war? Wenn gar nicht Gott das Opfer der Tötung des Sohnes verlangt hatte, sondern etwas Böses? Was, wenn der Engel den Auftrag hatte, Abraham aufzuhalten? Wenn doch Gott das Opfer verlangt hatte, warum schickte er seinen Engel, um das zu verhindern und sprach nicht selbst zu Abraham?

Es ist nicht nötig, alles zu hinterfragen, aber Gott gab uns einen Verstand, den wir auch benutzen sollten. Es gibt Dinge, die nicht zusammenpassen und es ist auch nichts verkehrt daran, darüber nachzudenken und selbst zu entscheiden, ob man etwas glaubt oder nicht. Deswegen sprechen wir vom „Glauben". Fragen werden immer offenbleiben und das ist auch in Ordnung – Glaube ist nicht belegbar. Blinder Gehorsam und auf Gott zu vertrauen ist nicht dasselbe! Folge deinem Herzen, dann wirst du deinen Weg und die Wahrheit finden.

Der genaue Ablauf der Geschichte wird in der **Tora Genesis 11,26-32; 12,1-17,27; 18,1-22,24; 20,1-18; 21,1-34; 22,1-24; 23,1-25,11** erzählt. Die Zusammenfassung ist in der Bibel, Das Alte Testament nachzulesen. Abrahams Geschichte beginnt im **Ersten Buch Mose 11,10-32**. Dieser Vers handelt von seinem Stammbaum, weiter geht es in **Erstes Buch Mose 12,1-9**, wo von seinem großen Vertrauen zu Gott berichtet wird und endet mit **Erstes Buch Mose 25,1-11**, in welchem er mit 175

---

[45] Bezeichnet die Patriarchen des Volkes Israel.

Jahren stirbt. Abraham lernte, auf Gott zu vertrauen und zu glauben, dass er ihn einen Schritt nach dem anderen führen würde. Gott teilte ihm im Wesentlichen mit: „Vertraue mir mit diesem ersten Schritt, denn es ist das Beste für dich, dahin zu gehen, wohin ich dich führe." Vielleicht fragte Abraham sich, ob es für ihn zum Vorteil sein würde oder nicht, wenn er sein Zelt packte, um seine Familie und sein Land zu verlassen. Aber als Gott ihm dann sagte, wohin er genau gehen solle, tat Abraham das einfach. Gott gab Abraham mit diesem Rat nur den ersten Schritt vor, allerdings nicht den zweiten! Abraham wäre nie zu Schritt zwei gekommen, wenn er den ersten Schritt nicht gewagt hätte. Es klingt so einfach, aber es ist sehr tiefgründig: Gott gibt uns Schritt für Schritt eine Richtung vor. Vielleicht geht es dir wie vielen anderen Menschen, die sich weigern, den ersten Schritt zu tun, bevor sie die Schritte zwei, drei, vier und fünf verstanden haben.

Dann hoffe ich, dass du nun dazu inspiriert wurdest, deiner Intuition zu folgen, indem du dem ersten Schritt vertraust. Gott zeigt dir den Weg und begleitet dich, aber gehen musst du ihn selbst.

Von Abrahams nächster Herausforderung lesen wir in **Erstes Buch Mose 13,1–18**: seine Hirten stritten mit seinem Neffen Lot, weil es nicht genug Platz zum Grasen für ihre beiden Herden gab. Abraham schlug vor, dass Lot in die eine Richtung ziehen solle, dann würde er in die andere ziehen, damit sowohl für ihre Tiere als auch für ihre Haushalte genügend Platz wäre. Lot wählte das beste Land für sich und ließ Abraham den schlechteren Teil übrig (**Erstes Buch Mose 13,10–11**). An diesem Punkt sagte der Herr zu Abraham: „Schau dich nach allen Seiten um. Dieses ganze Land, das du siehst, werde ich dir und deinen Nachkommen für immer zum Besitz geben" (**Erstes Buch Mose 13,14–15**). Erinnern wir uns heute an diese Geschichte, anstatt entmutigt, depressiv oder zornig zu werden, wenn uns Menschen enttäuschen. Gott möchte, dass wir uns an ihn wenden, uns in andere Richtungen umsehen und darauf vertrauen, dass er uns in viel bessere Umstände führen wird. Er möchte, dass wir alles Gute in unserem Leben sehen, anstatt uns auf das zu konzentrieren, was wir nicht haben. Er möchte, dass wir unseren Blick fest auf ihn richten, nicht auf das Werk des Feindes, weil er Pläne hat, mit denen er uns segnen und uns Wachstum bringen will. Egal, wie dein Leben bisher verlaufen ist, du hast zwei Möglichkeiten: Du kannst aufgeben und alles hinwerfen oder du gehst weiter. Wenn du dich dafür entscheidest, weiterzugehen, dann hast du wieder zwei Möglichkeiten: Entweder du lebst in Elend und Verzweiflung oder du lebst in Glauben, Hoffnung und Freude. Wenn du dich für letzteres entscheidest, bedeutet das nicht, dass du nie wieder enttäuscht wirst. Es bedeutet, dass du dich entschieden hast, dich nicht von deinen Enttäuschungen übermannen zu lassen. Stattdessen kannst du deinen Blick, deinen Kopf, deine Hände und dein Herz heben und auf Gott bauen, der dir alles gibt, was du brauchst.

Wenn wir die Geschichte weiterverfolgen, sehen wir, wie sich das Blatt für Lot wendet. In **Erstes Buch Mose 14,1–24** verliert Lot all seinen Besitz und seine Freiheit durch einen Krieg. Als Abraham davon erfuhr, setzte er alles in Bewegung, um Lot zu retten, was ihm auch gelang. Als Abraham von seinem Sieg über Kedar-Laomer zurückkehrte, forderte der besiegte König nur seine Gefolgschaft zurück. Abraham jedoch gab ihm nicht nur seine Leute zurück, sondern auch den eroberten Besitz. Mit dieser Vorgehensweise wollte er die Fronten besänftigen, um Rache einzugrenzen.

Auch von der nächsten Begebenheit können wir etwas lernen, denn in **Erstes Buch Mose 15,1–21** hatte Abraham eine Vision: Er hatte eine klare Botschaft von Gott bezüglich seiner Zukunft erhalten. Er wusste nun, was Gott ihm versprochen hatte, aber er hatte keine Ahnung, wann dieses Versprechen erfüllt werden würde. So geht es uns oft auch. Während wir darauf warten, dass es einen Durchbruch gibt, werden wir vielleicht frustriert oder ungeduldig. Im Wartezimmer des Lebens zu sitzen, ist nicht immer einfach! Wenn Gott zu uns spricht oder uns etwas zeigt, dann sind wir aufgeregt und völlig auf diese Offenbarung konzentriert.

Es ist aber, als ob wir „schwanger" wären mit dem, was Gott uns mitgeteilt hat. Er hat einen Samen in uns eingepflanzt, doch es braucht eine Zeit der Vorbereitung, bis dieser Same Früchte tragen kann. Dieser Prozess gleicht sehr der Entwicklung und Geburt eines Kindes: Zuerst nistet sich eine befruchtete Eizelle im Mutterleib ein, dann ist eine Wartezeit von neun Monaten nötig, bis schließlich das Baby geboren wird.

Während dieser neun Monate geschieht so viel! Die Eizelle wächst und reift heran, der Körper der Mutter bereitet sich auf die Geburt vor, und die Familie bereitet alles Notwendige für ein neues Baby im Haus vor. So wie im Mutterleib im Verborgenen eine gewaltige Entwicklung stattfindet, tut sich auch in unserem Leben im Verborgenen viel. Wir können das nicht sehen, genauso wenig wie wir – ohne Ultraschall – beobachten können, wie sich die Zellen in einem ungeborenen Baby vermehren. Dass wir keinen Fortschritt sehen oder fühlen, heißt nicht, dass nichts geschieht. Gott tut einige seiner besten Werke im Verborgenen! Ganz gleich, ob du es weißt oder nicht: Er ist gerade damit beschäftigt, gute Dinge für dich zu tun, genau in diesem Moment. Lass ihm einfach Zeit, dann wirst du es sehen.

Im nächsten Kapitel in Abrahams Leben sehen wir, dass auch bei ihm nicht alles immer nach Plan läuft. In **Erstes Buch Mose 16,1–16** wird von der Geburt Ismaels und wie es dazu kam erzählt. Da Sara, seine Frau, überzeugt war, dass sie nie Kinder bekommen würde, machte sie ihre Magd Hagar zur Nebenfrau von Abraham, um seine Nachkommen zu sichern. So bekamen sie einen Sohn namens Ismael. Das führte aber zur Feindschaft zwischen den Frauen, woraufhin Sara Abraham die Schuld an ihrer fatalen Lage gab. Sara hatte in ihrer Verzweiflung eine Entscheidung getroffen, die sie nicht mehr rückgängig machen konnte. Wichtige Entscheidungen sollten nicht aus der Not heraus gefällt werden. Wir sollten zur Ruhe kommen und zuerst alle möglichen Konsequenzen bedenken, die daraus entstehen könnten, um den größten Schaden einzugrenzen. Sicherlich gibt es keine Garantie dafür, dass man immer die bestmögliche Entscheidung getroffen hat, aber wir können nach bestem Gewissen handeln.

Abraham und Sara erhielten eine Lektion fürs Leben: Sie vertrauten nicht darauf, dass alles rund um ihre Kinderlosigkeit seine Richtigkeit hatte. Gott hatte ihnen bereits früher Nachkommen wie Sand am Meer versprochen. Er sandte Abraham eine weitere Vision, in der er ihm ankündigte, dass er mit Sara in einem Jahr einen Sohn bekäme und ihn Isaak nennen solle (**Erstes Buch Mose 17,15–27**). Zu diesem Zeitpunkt war Sara bereits eine 90-jährige Frau – in diesem Alter noch Mutter zu werden, ist für viele undenkbar. Wie so oft im Leben brauchen Menschen eine weitere Bestätigung, also kamen drei Reisende bei Abraham vorbei, um diese Vision noch einmal zu bestärken (**Erstes Buch Mose 18,1–15**). Auch die meisten Menschen heute glauben es nicht, wenn ihre innere Stimme ihnen etwas Unglaubliches sagt. Oft denken wir, es klänge absolut unmöglich und verwerfen es im nächsten Augenblick wieder.

In der Zwischenzeit ereignete sich die Zerstörung von Sodom und Gomorra. Die Menschen berichteten von unzähligen Verbrechen in diesen Städten und die Seelen der Einwohner schrien nach Befreiung. Bevor die Stadt zerstört wurde, kamen zwei Engel nach Sodom, um Lot und seine Familie herauszuholen. Die einzige Anweisung, die sie bekamen, war, bei der Flucht aus der Stadt nicht zurückzuschauen. Aber Lots Frau hielt sich nicht daran und erstarrte deswegen zu einer Salzsäule (**Erstes Buch Mose 18,16–33 und 19,1–29**).

Erinnere dich an die Geschichte Noahs – auch in Sodom und Gomorra lebten die Menschen an einem Ort des Verbrechens und klagten vor Gott. Eine solche Masse an Gedanken und Bitten vieler Menschen ist in der Lage, Ereignisse hervorzurufen. Nach der damaligen Beschreibung soll es bei der Zerstörung Feuer geregnet haben. Ich suchte nach Naturkatastrophen, die in diesem Zeitraum stattgefunden hatten – eine mögliche Antwort lieferte mir die Wissenschaft:

Denn Wissenschaftler fanden heraus, dass vor ca. 3600 Jahren ein in der Luft zerberstender Meteorit, ähnlich dem des Tunguska-Ereignisses von 1908, das antike Tall el-Hammam, das frühere Sodom, zerstörte. Das Ereignis ist als Middle Ghor Event bekannt. Als Beweis für diesen Vorfall wird eine etwa 1,5 m dicke kohlenstoff- und aschereiche Schicht, gespickt mit geschocktem Quarz, geschmolzener Keramik und Lehmziegeln, diamantähnlichem Kohlenstoff, eisen- und siliziumreichen Partikeln, Calciumcarbonat-Kügelchen und verschiedenen geschmolzenen Metallen angeführt. Um diese Mineralien zu erhalten, wird eine Temperatur von über 2000 °C benötigt. (Quelle: 26)

Wir dürfen dabei nicht vergessen, dass die Menschen vor Tausenden von Jahren nicht die Möglichkeit hatten, sich ein solches Ereignis zu erklären. Alles besteht aus Energie, unaufhörlich geben und nehmen wir Energie. Auch das karmische Gesetz funktioniert so, indem wir positive oder negative Energie nach außen senden und diese dann wieder zu uns zurückkehrt.

Es geschehen auch in unserer Zeit Wunder, die sich durch das Beten vieler Menschen ereignen, beispielsweise für einen sterbenden Menschen, der plötzlich heilt, obwohl die Ärzte dies für unmöglich hielten – aber mit Gott ist alles möglich. Wir denken, dass die Wunder, die Jesus vollbracht hat, einmalig sind, aber wir irren uns da gewaltig. Im Evangelium von **Johannes 14,12** sagt Jesus: „Ich versichere euch: Wer an mich glaubt, wird dieselben Dinge tun, die ich getan habe, ja noch größere ..." Das heißt, dass du dasselbe wie Jesus tun könntest durch deinen eigenen festen Glauben! Wenn wir es wirklich wollen und daran glauben, können wir alles erreichen.

Kommen wir zurück zu Sara, die nun Isaak auf die Welt brachte (**Erstes Buch Mose 21,1–7**) und jetzt vor dem Problem stand, dass Abrahams Erbe auch Ismael, seinem ersten Sohn, zustand. Sie wollte Hagar und Ismael loswerden und forderte von Abraham, die beiden wegzuschicken. Sie ließen sich in der Wüste Paran nieder und aus Ismael wurde ein ausgezeichneter Bogenschütze (**Erstes Buch Mose 21,8–21**).

Weitere Verbindungen finden wir in der Bibel, Das Neue Testament, im Evangelium von **Lukas**[46] **17,28–30;** A**postelgeschichte**[47] **7,2–8; Der Brief an die Galater**[48] **3,7–8; Der Brief an die Galater 3,15–23; Der Brief an die Hebräer**[49] **11,8–18; Der zweite Brief von Petrus**[50] **2,6–8; Der Brief von Judas**[51]**.**

Paulus spricht von einem Nachkommen Abrahams und meint damit Jesus Christus (**Galaterbrief 3,16**). Wörtlich ist dort von einem Samen

---

[46] Lukas ca.60 n. Chr.

[47] Lukas ca. 62 n. Chr.

[48] Paulus um 48 n. Chr. oder 53–56 n. Chr.

[49] Große Vorbilder im Glauben vor 70 n. Chr.

[50] Petrus ca.65–68 n. Chr.

[51] Judas, vermutlich ein Halbbruder von Jesus, ca. 65–70 n. Chr.

die Rede. Ich mag das Bild eines Samens, denn aus ihm kann reiche Ernte wachsen.

Jesus ist sozusagen ein Samen, den Gott in unser Leben einpflanzt. Unsere Aufgabe ist, sein Wachstum zu fördern, ihn also zu bewässern und zu pflegen. Sein Wurzelboden muss gelockert und unkrautfrei gehalten werden. Dieser Boden ist unser Herz, unser Leben. Veränderungen zu durchleben ist schwer, aber in der Sklaverei zu bleiben ist noch schwerer.

In den Suren des Qurāns 6:74–83; 11:69–83; 15:51–79; 19:41–50; 21:68–75; 43:26–27; 51:24–37 und 53:36–54 (Quelle: 27) findest du dafür weitere Bestätigungen.

Moses

Moses' Geschichte findest du in der **Tora Kapitel Exodus.** Dort wird sie bis in das kleinste Detail erzählt, etwas kompakter findest du sie in der **Bibel, Altes Testament, Zweites Buch Mose 1,6 bis Zweites Buch Mose 20,21.** Im Qu'rān finden wir die Bestätigungen der Geschichte, die du in der **Sura 2:49–53; Sura 6:91; Sura 6:154; Sura 7:103–155; Sura 7:159–160; Sura 10:75–93; Sura 19:51–53; Sura 20:9–97; Sura 23:45–49; Sura 40:23–31; Sura 40:36–37; Sura 40:53–54; Sura 43:46–56; Sura 46:12 und Sura 51:38–40** (vgl. S. 136–151) lesen kannst.

Auf einige wichtige Ereignisse möchte ich aber hinweisen. Ich steige in Moses Geschichte mit der Ansiedlung der Israeliten in Ägypten ein. Da die rasante Fortpflanzung dieses Volkes den Ägyptern so viel Angst machte, versklavten sie sie, um die Kontrolle zu behalten. Der Pharao musste gegen die Ausbreitung der Israeliten etwas unternehmen und befahl den Hebammen, die männlichen Säuglinge zu töten – aber sie fanden Begründungen, dies nicht zu tun. Daraufhin schickte er Soldaten, um die Jungen einzusammeln und sie in den Nil zu werfen (**Zweites Buch Mose 1,1–22⁵²**).

Moses' Mutter sah nur eine Chance, das Überleben ihres Sohnes zu sichern: Indem sie ihn in einen Korb hineinlegte und ihn am Ufer entlang des Nils treiben ließ, wo gerade ägyptische Frauen badeten. Und weil es seine Bestimmung war, zu leben, fand ihn die Tochter des Pharaos. Sie nahm ihn auf, als wäre er ihr eigenes Kind (**Zweites Buch Mose 2,1–10⁵³**).

Als Moses zu einem jungen Mann herangewachsen war, kam er in die Situation, einen Hebräer verteidigen zu müssen und erschlug dabei einen Ägypter. Es blieb ihm nichts anderes übrig, außer vor der Todesstrafe zu fliehen. Sein Weg führte ihn nach Midian, wo er seine Frau kennen lernte (**Zweites Buch Mose 2,11–25**).

Nach sehr vielen Jahren bekam er eine Vision auf dem Berg Horeb, der auch unter dem Namen Sinai bekannt ist. Aus der Geschichte geht hervor, dass Gott aus einem brennenden Dornbusch zu ihm sprach und ihm mitteilte, dass er derjenige sei, der die Israeliten aus Ägypten herausführen werde. Da viele Jahre vergangen waren und die Menschen, die ihn hatten töten wollen, nicht mehr am Leben waren, war eine Rückkehr wieder möglich. Und obwohl er genaue Anweisungen erhielt, zweifelte er dennoch an sich, diese Aufgabe erfüllen zu können (**Zweites Buch Mose 3,1–22⁵⁴**).

---

[52] Die Psalmen 105,24–25 (Zweites Buch Mose 1,9–10); Apostelgeschichte 7,15–16 (Zweites Buch Mose 1,6); Apostelgeschichte 7,17 (Zweites Buch Mose 1,7); Apostelgeschichte 7,18 (Zweites Buch Mose 1,8); Apostelgeschichte 7,19 (Zweites Buch Mose 1,10; 1,16; 1,22).

[53] Jesaja 18,2 (Zweites Buch Mose 2,3); Apostelgeschichte 7,20 (Zweites Buch Mose 2,2); Der Brief an die Hebräer 11,23 (Zweites Buch Mose 2,2); Apostelgeschichte 7,21 (Zweites Buch Mose 2,5).

[54] Apostelgeschichte 7,30 (Zweites Buch Mose 3,2); Apostelgeschichte 7,31 (Zweites Buch Mose 3,3); Apostelgeschichte 7,33 (Zweites Buch Mose 3,5); Apostelgeschichte 3,13 (Zweites Buch Mose 3,6; 3,15); Apostelgeschichte 7,32 (Zweites Buch Mose 3,6); Apostelgeschichte 7,34 (Zweites Buch Mose 3,7; 3,10); Apostelgeschichte 7,7 (Zweites Buch Mose 3,12); Die Offenbarung 1,8 (Zweites Buch Mose 3,14).

Ich glaube, jeder war schon einmal in der Situation, von Selbstzweifeln überwältigt zu sein. Vielleicht hast du dich dann gefragt: „Wer bin ich?" Mit diesen Gedanken bist du nicht allein. Als Moses so dachte, antwortete Gott, indem er ihm erklärte, wer er ist: „ICH BIN" (**Zweites Buch Mose 3,14**). Was hat Gott wirklich damit gemeint, als er sich selbst als „ICH BIN" bezeichnete? Zum einen ist er so viel, dass es völlig unmöglich ist, ihn vollumfänglich zu beschreiben. Zum anderen: Wie können wir jemanden begreifen, der alles ist und es in einen einzigen Namen hineinpacken? Als erweiterte Erläuterung sagte er zu Moses: „Ich bin, der ich immer bin".

Ich verstehe diese Aussage so: „Ich bin, der ich immer bin und das, was ich bin. Und ich werde sein, der ich sein werde." Wenn wir einmal begriffen haben, wer wir in Gott sind, stellen wir uns nicht mehr die Frage nach unserem Sein oder ob wir eine Aufgabe erfüllen können oder nicht. Der große ICH BIN stärkt uns in unseren Schwächen und da ER immer in uns ist, können wir tun, was auch immer wir tun wollen!

Zurück zu Moses, der nicht nur klare Anweisungen bekam, wie er vorgehen sollte, sondern auch die Macht bekam, Wunder zu vollbringen, um den Pharao davon zu überzeugen, das Volk ziehen zu lassen. Da sein Bruder Aaron sich als Sprecher besser eignete, sollte dieser ihn begleiten und unterstützen (**Zweites Buch Mose 4,1–17**). In Ägypten angekommen, riefen sie zunächst die führenden Männer der Israeliten zusammen, um ihnen die Botschaft Gottes mitzuteilen. Als Beweis dafür demonstrierte Moses seine Macht, indem er seinen Hirtenstab auf den Boden warf und dieser sich in eine Schlange verwandelte. Damit wollte er das Volk auf seine Seite bringen (**Zweites Buch Mose 4,18–31**[55]). Moses und Aaron gingen daraufhin zum Pharao, um ihm ihre Bitten vorzutragen, aber er ließ sich nicht darauf ein (**Zweites Buch Mose 5,15**). Der Pharao wollte seine Macht behalten, seine Reaktion auf Moses' Forderungen war, das ganze israelische Volk zu bestrafen, indem er ihnen aussichtslose Arbeitsbedingungen auferlegte. Die Verzweiflung des Volkes führte dazu, dass sie Moses für ihre Lage verantwort-

---

[55] Apostelgeschichte 7,29 (Zweites Buch Mose 4,20); Der Brief an die Römer 9,4 (Zweites Buch Mose 4,22).

lich machten und Moses die Beschwerden an Gott weitergab (**Zweites Buch Mose 5,6–23**). Kommt dir das bekannt vor? Das machen viele Menschen auch heute so: Wenn sie einen Rat angenommen haben und der Weg schwerer wird, als gedacht, tendieren viele dazu, dem Ratgeber die Schuld zu geben. Aber wir sind es, die letztendlich entscheiden, welchen Weg wir gehen wollen und müssen auch dafür Verantwortung tragen und sie nicht auf andere abwälzen. Es gibt keine richtige oder falsche Entscheidung, sondern gute oder weniger gute Entscheidungen. Ich sage bewusst nicht „schlechte" Entscheidung, weil eine solche für mich nicht existiert.

Wenn ich eine Entscheidung treffe, habe ich in jedem Fall die Möglichkeit, daraus zu lernen und dann erwächst daraus etwas Gutes. Wir brauchen Fehler, um aus ihnen zu lernen und an ihnen zu wachsen. In **Zweites Buch Mose 6,1–13**[56] versuchte Moses erneut, das Volk zu überzeugen, aber durch die harte Arbeit hatten sie jeden Mut verloren.

Da wagte er ein weiteres Mal einen Gang zum Pharao, doch diesmal demonstrierte er ihm sein Wunder, indem er erneut seinen Hirtenstab hinwarf und er sich in eine Schlange verwandelte. Dieses Ereignis beeindruckte den Pharao nicht, zumindest gab er das vor (**Zweites Buch Mose 7,1–13**). Er hielt sich selbst für einen Gott und zeigte deswegen keinerlei Eigenschaften, die er als Schwächen definierte. Was der Pharao nicht wusste: Eine der größten Stärken ist, sich Schwächen einzugestehen und an sich zu arbeiten.

Selbst nach Moses' Ankündigung der ersten Plage ignorierte der Pharao ihn einfach. Insgesamt warnte Moses ihn vor zehn Plagen, die sich alle erfüllten (**Zweites Buch Mose 7,14–11,10**[57]). Die zehnte war die schmerzhafteste Erfahrung des Pharaos, denn in einer Nacht starben alle erstgeborenen ägyptischen Söhne, auch sein Sohn. So entstand das

---

[56] Die Psalmen 83,19 und Jesaja 52,6 (Zweites Buch Mose 6,3).

[57] Die Psalmen 78,44 und Die Psalmen 105,29 (Zweites Buch Mose 7,20); Die Psalmen 105,31 (Zweites Buch Mose 8,13 und 8,20); Die Psalmen 78,45 (Zweites Buch Mose 8,20); Der Brief an die Römer 9,17 (Zweites Buch Mose 9,16); Die Psalmen 105,32 (Zweites Buch Mose 9,25); Die Psalmen 44,2 (Zweites Buch Mose 10,2); Die Psalmen 78,46 (Zweites Buch Mose 10,4–5); Die Psalmen 105,35 (Zweites Buch Mose 10,15); Die Psalmen 105,28 (Zweites Buch Mose 10,22); Die Psalmen 78,51/ Die Psalmen 105,36/ Die Psalmen 135,8/ Die Psalmen 136,10 (Zweites Buch Mose 11,5); Der Brief an die Hebräer 11,27 (Zweites Buch Mose 11,8).

erste Passahfest (**Zweites Buch Mose 12,1–30**[58]). Wo hatte die Gier nach Macht und falschem Stolz den Pharao hingebracht? Es sollte noch schlimmer kommen.

Erst nach 430 Jahren ließ der Pharao das Volk ziehen (**Zweites Buch Mose 12,31–42**[59]). Aber der tiefe Schmerz über seinen persönlichen Verlust entwickelte sich zu blinder Wut, die ihn dazu veranlasste, die Verfolgung durch die Wüste aufzunehmen. Sein einziges Ziel war Vergeltung.

Eine Eingebung wies Moses an, einen Umweg durch die Wüste zu machen, um die Ägypter zu täuschen (**Zweites Buch Mose 13,17–14,4**[60]). Als die Ägypter dennoch in Sichtweite waren, begannen die Israeliten Moses die Schuld an ihrer Situation zu geben. Moses ließ sich davon aber nicht beirren, denn er glaubte fest daran, dass ein Wunder sie retten würde (**Zweites Buch Mose 14,5–14**[61]). Durch eine weitere Eingebung wusste er, was er tun musste: Er teilte das Rote Meer mit seinem Hirtenstab und so konnten sie ihre Flucht fortführen. Als die Ägypter ihnen auch durchs Meer folgten, schloss sich das Meer hinter den Israeliten und die Ägypter kamen dann dabei um (**Zweites Buch Mose 14,15–31**[62]).

Was können wir aus dieser Geschichte lernen? Du wirst im Leben immer wieder scheinbar unmöglichen Herausforderungen begegnen. Erlaube deinem Verstand nicht, dich mit Zweifeln zu vergiften. Triff keine Entscheidungen aus Angst und gib nicht auf! Komm wieder zu dir und

---

[58] Die Psalmen 78,51 und Die Psalmen 105,36 (Zweites Buch Mose 12,29); Der Brief an die Hebräer 11,28 (Zweites Buch Mose 12,13; 12,21; 12,22).

[59] Apostelgeschichte 7,6 (Zweites Buch Mose 12,40–41).

[60] Josua 24,32 und Apostelgeschichte 7,16 (Zweites Buch Mose 13,19); Die Psalmen 105,39 und Der erste Brief an die Korinther 10,1 (Zweites Buch Mose 13,21); Der Brief an die Römer 9,17 (Zweites Buch Mose 14,4).

[61] Josua 24,6 (Zweites Buch Mose 14,9); Nehemia 9,9 (Zweites Buch Mose 14,10); Die Psalmen 106,7–8 (Zweites Buch Mose 14,11); Jesaja 30,15 (Zweites Buch Mose 14,14).

[62] Die Psalmen 106,9; Die Psalmen 114,3 + 5 und Jesaja 63,12–13 (Zweites Buch Mose 14,21); Nehemia 9,11 (Zweites Buch Mose 14,22; 14,28; 15,5); Die Psalmen 66,6 (Zweites Buch Mose 14,22; 14,29); Die Psalmen 78,13 (Zweites Buch Mose 14,22); Die Psalmen 78,53 und Die Psalmen 106,11 (Zweites Buch Mose 14,28); Jesaja 11,15 (Zweites Buch Mose 14,29); Der Brief an die Hebräer 11,29 (Zweites Buch Mose 14,22; 14,27).

höre auf dein Inneres, dann wirst du die Kraft und den Mut finden, eine sich für dich richtig anfühlende Entscheidung zu treffen.

Die Israeliten hatten noch eine sehr lange Reise durch die Wüste vor sich und immer, wenn sie vor Problemen standen, machten sie Moses für ihr Leiden verantwortlich (**Zweites Buch Mose 15,22–27**[63]; **16,1–36**[64] **und 17,1–7**[65]).

Und trotz ihrer ständigen Zweifel versorgte Gott sie auf wundersame Weise auf ihrem Weg durch die Wüste. Wir können Gott vertrauen, dass wir das bekommen, was wir brauchen. Wir sollten das allerdings nicht mit dem Wort „wollen" verwechseln. Wir alle wünschen uns ein Gefühl der Sicherheit für unsere Zukunft. Es fühlt sich gut an, bereits heute genug Vorräte in der Hand zu haben und Gott nicht vertrauen zu müssen. Wir wollen lieber die Kontrolle behalten und alles sorgfältig planen. Doch was passiert dann meistens? Gerade wenn wir denken, dass wir alles im Griff haben, passiert etwas unerwartetes und unser Glaube wird geprüft. Wenn wir uns ständig um das „Morgen" sorgen, verschwenden wir das „Heute". Vertraue und lerne, einen Tag nach dem anderen zu leben. Glaube daran, dass du es erkennen wirst, was zu tun ist, wenn die Zeit kommt. Du sollst wissen, dass das, was du brauchst, da sein wird, wenn du es benötigst. Dabei wirst du dein Leben immer mehr genießen können. Einstellung verändert alles!

Mit Problemen ging es auch bei Moses weiter. Er nahm sich den täglichen Anliegen seines Volkes allein an, bis sein Schwiegervater Jitros ihm einen guten Rat gab: Er solle sich Helfer aussuchen, die ihm Arbeit abnehmen würden, denn niemand könne alles allein tun (**Zweites Buch Mose 18,13–27**[66]).

---

[63] Die Psalmen 78,52 (Zweites Buch Mose 15,22); Die Psalmen 106,13 (Zweites Buch Mose 15,24); Die Psalmen 103,3 (Zweites Buch Mose 15,26).

[64] Die Psalmen 78,24 (Zweites Buch Mose 16,4); Die Psalmen 105,40 (Zweites Buch Mose 16,4; 16,13); Die Psalmen 78,27–28 (Zweites Buch Mose 16,13); Nehemia 9,14 (Zweites Buch Mose 16,23); Josua 5,12 und Nehemia 9,20–21 (Zweites Buch Mose 16,35); Der zweite Brief an die Korinther 8,15 (Zweites Buch Mose 16,18); Der Brief an die Hebräer 9,4 (Zweites Buch Mose 16,33).

[65] Die Psalmen 78,15–16 und Die Psalmen 105,41 (Zweites Buch Mose 17,6); Die Psalmen 81,8 und Die Psalmen 95,8 (Zweites Buch Mose 17,7).

[66] Die Psalmen 15,5 (Zweites Buch Mose 18,21).

Wenn Menschen sich in Leitungspositionen berufen fühlen, werden auch Menschen um sie herum platziert, damit diese einen Teil der Aufgaben erfüllen. Gleichzeitig geben wir anderen die Möglichkeit, in ihrer Position zu wachsen. Menschen werden uns zur Seite gestellt, damit sie uns helfen. Wenn wir alles selbst machen wollen, werden wir frustriert und überarbeitet. Fühlst du dich auch überfordert, weil deine Aufgabe so groß ist? Läufst du Gefahr, emotional oder physisch zu zerbrechen? Dann übe dich darin, Aufgaben abzugeben, auch wenn andere Menschen vielleicht nicht alles genauso tun, wie du es tun würdest. Du brauchst Hilfe und nicht die Perfektion. Wenn du dazu deine Einstellung änderst, wirst du nicht nur mehr Spaß haben können, sondern du gibst auch anderen die Möglichkeit, Erfüllung darin zu finden, ihren Teil beizutragen. Wir brauchen einander! Ansonsten befinden wir uns auf dem besten Weg zu einem Burnout. Viele Jahre lang habe ich so gelebt, um jedem gerecht zu werden, aber diese Art und Weise machte mich kaputt. Grenzen zu setzen ist wichtig und ein Zeichen von Stärke. Das bedeutet nicht, dass wir uns nur um uns selbst kümmern, aber alles braucht ein gewisses Maß. Wir sollten lernen, dass es in Ordnung ist, nicht alles allein erledigen zu können.

In Moses' gesamtem Leben bekam er eine Herausforderung nach der anderen. Es gibt so viele wichtige Ereignisse, aber als die bedeutendsten erachte ich das Erreichen des Berges Sinai, wo sich Gott ihm offenbarte (**Zweites Buch Mose 19,1–25**[67]) und die Darlegung der zehn Gebote (**Zweites Buch Mose 20,1–21**[68]).

Die Geschichte der Israeliten ist noch nicht zu Ende, denn in **Zweites Buch Mose 20,22 bis Fünftes Buch Mose 34,6** wird von der Entwicklung des Volkes unter Moses' Herrschaft bis zu seinem Tod erzählt.

In diesen Büchern ist von harten Gesetzen und Bestrafungen zu lesen, aber diese Vorgehensweisen dienen nur zur absoluten Kontrolle über die Menschen. Bis zu einem bestimmten Grad sind Gesetze auch notwendig, um die Gesellschaft zu schützen, aber sie sollten nicht zur Un-

---

[67] Apostelgeschichte 7,38 (Zweites Buch Mose 19,3).

[68] Der Brief an die Epheser 6,2 + 6,4 (Zweites Buch Mose 20,12); Der Brief an die Römer 13,9–10 und Der Brief von Jakobus 2,11 (Zweites Buch Mose 20,13).

terdrückung dienen. Das, was wir Prüfungen des Lebens nennen, ist in Wahrheit Karma, das wir auflösen müssen, denn gewisse Erfahrungen müssen wir machen, um uns weiterzuentwickeln. Jesus gab uns ein Beispiel, indem er sagte, als die Leute eine Frau steinigen wollten: „Wer von euch ohne Sünde ist, der soll den ersten Stein werfen!" (**Johannes 8,7**). Wenn ein Mensch etwas Böses getan hat und wir Vergeltung ausüben, rechtfertigen wir nur unser böses Tun damit. Das bedeutet aber nicht, dass wir richtig gehandelt haben. Es macht die eine Tat nicht besser als die andere. Wir können nur mit Vergebung das Rad des Leidens durchbrechen.

Als ich Moses' Leben studierte, war ich oft schockiert von den Lebensregeln, die aufgestellt wurden. Ich fragte mich, welche Vorstellung die Menschen von Gott hatten. Uns wurde gesagt, dass Gott uns nach seinem Ebenbild erschaffen hat, aber stellen sich die Religionen nicht vielmehr Gott nach dem Abbild der Menschen vor? Wir projizieren unsere Gefühle wie Eifersucht oder Rachegelüste, unsere Vorurteile und vieles mehr auf Gott. Aber ist Gott nicht bedingungslose Liebe? Er hat uns einen freien Willen geschenkt, um unseren eigenen Weg zu finden. Wenn er uns den Weg vorschreiben würde, verlöre der freie Wille doch seine Bedeutung!

Ich stelle mir Gott als Beobachter vor, der uns erschaffen hat und uns zusieht, wie wir uns entwickeln, wachsen und unsere Erfahrungen machen. Vergleiche es mit Eltern, die ihr Kind zum Spielen hinausschicken: meinst du, dass es wichtig ist, welches Spiel die Kinder spielen? Aber was wichtig ist, ist die Präsenz der Eltern, falls sich das Kind verletzt. Es ist essenziell, dass die Eltern da sind, um ihr Kind zu trösten und ihm zu helfen. Wenn wir verzweifelt sind, an wen wenden wir uns? Wir können jederzeit Gott um Hilfe rufen – und dann kommt für uns der Moment, in dem wir seine Antwort hören sollten.

Jesus

Wer war Jesus?

Jeder glaubt die Antwort zu kennen, aber wissen wir es wirklich? Oder wissen wir nur das, was wir wissen sollen?

Fassen wir zusammen, was die meisten Menschen über ihn wissen:

- Die Jungfrau Maria hat Jesus geboren
- Er wird der Sohn Gottes genannt
- Er wird als der Messias oder der Erlöser bezeichnet
- Nur durch den Glauben an Jesus kann man in das Reich Gottes nach dem Tod einkehren
- Er starb für unsere Sünden am Kreuz

Um zu wissen, wer Jesus wirklich war, müssen wir für die Wahrheit offen sein, die bereits in uns ist. Uns frei machen zu von dem, was wir gelehrt bekommen haben, ist essenziell. Ansonsten wird es schwer, das bereits dagewesene Wissen zu erkennen und als Wahrheit anzuerkennen.

Öffne dich für das Verständnis, dass die Frage, wer wir sind, so groß ist, dass wir es nie in Worten erfassen können. Aber das ist auch nicht nötig, denn alles, was du brauchst, ist in deinen Gefühlen verankert. Fühle, wie groß du bist und denke groß! Hab keine Angst davor, was andere denken, denn es ist nicht wichtig. Lebe nicht dein Leben nach dem Wunsch anderer.

Jetzt fragst du dich vielleicht, was das alles mit Jesus zu tun hat? Sehr viel! Denn er zeigte uns immer wieder, dass er einer von uns war und nicht über uns stand. Wenn doch der Messias selbst sich nie über uns stellte und uns beständig mitteilte, dass wir in der Lage seien, noch größere Dinge zu tun, als er es tat und wir allein unseren Glauben bräuchten um das zu tun – was sagt uns das? Wir können alles tun, was wir uns wünschen! Allein wir haben die Verantwortung, glücklich zu werden. Wenn wir das einmal realisiert haben, ändert sich das ganze Leben. Wir sind alle spirituell. Um deine Spiritualität wahrzunehmen, ist es notwendig, still zu sein und dir selbst zuzuhören. Lass dir von Anderen helfen, die in jeden Teil der Erde kamen, um uns die Richtung zu weisen. Auch du hast in deiner Kultur einen dieser Wegweiser, aber die Kunst dabei ist, sich nicht von dem verwirren zu lassen, was die Menschen beigemischt haben.

Die große Frage ist, wie du das erkennen kannst? Wenn du nicht nur einfach blind liest, sondern die Worte mit dem Herzen aufnimmst und darüber nachdenkst, wird dir dein Inneres die Antwort liefern.

Ralph Waldo Emerson schrieb: „Wir können die Wahrheit, wenn wir sie sehen, von einer Meinung unterscheiden, so wie wir auch, wenn wir wach sind, wissen, dass wir wach sind ..."

Wir sind alle mit Gott verbunden, egal welchen Namen wir ihm geben – es ist immer dieselbe allmächtige, allwissende Macht.

Auch im **Qur'ān Sura 2:253; Sura 3:33–55; Sura 3:59–60; Sura 5:109–114; Sura 6:84–87; Sura 7:157–158; Sura 19:16–34; Sura 43:61–64; Sura 57:27 und Sura 66:12** (vgl. S. 151–157) finden wir Bestätigungen über Jesus' Leben.

Jesus' Wunder und Taten

Ich finde diesen Teil von Jesus' Leben so bedeutend, dass ich einige dieser Ereignisse kurz erörtern will. Die genaue Erzählung findest du über die App (www.die-bibel.de/app). In dieser kannst du gezielt Verse abrufen und nachlesen. Auch Vergleichsstellen zeige ich dir auf, die von einer Bibelstelle aus dem Evangelium auf eine verwandte andere Bibelstelle, ebenfalls im Evangelium, hinweist. Du findest sie ganz unten auf der jeweiligen Seite und im Text zeigt eine kleine hochgestellte Ziffer die Verbindung an.

Matthäus 8,5–13[69]: Der Glaube des römischen Offiziers

Mit den Worten „Wie du geglaubt hast" sagte Jesus einem römischen

---

[69] Matthäus 8,14–17 Jesus heilt viele Menschen; Matthäus 9,18–26 Jesus heilt durch Glauben; Matthäus 9,27–34 Jesus heilt Blinde und Stumme; Matthäus 15,29–31 Jesus heilt viele Menschen; Matthäus 20,29–34 Jesus heilt zwei Blinde; Markus 1,29–34 Jesus heilt die Schwiegermutter von

Offizier zu, dass die Heilung, um die er bat, bereits geschehen war (**Matthäus 8,13**). Der Offizier hatte eine offene, vertrauensvolle Einstellung und Jesus tat, worum er ihn gebeten hat. Wusstest du, dass eine positive Grundhaltung zu einem positiven Leben führt? Eine angstbesetzte Grundhaltung füllt das Leben mit Angst. Positive Gedanken ernähren sich aus Vertrauen und Hoffnung, ängstliche Gedanken aus Furcht und Zweifel. Manche Menschen haben Angst vor dem Hoffen, weil sie oft verletzt wurden und so viele Enttäuschungen erfahren haben, dass sie meinen, nicht noch mehr verkraften zu können. Sie weigern sich, zu hoffen, damit sie nicht enttäuscht werden, wenn die Dinge nicht so laufen, wie sie es sich wünschen. Ja, Enttäuschungen schmerzen, aber diese Reaktion prägt einen pessimistischen Lebensstil. Alles wird dunkel, weil die Gedanken dunkel sind.

Vor vielen Jahren war meine Einstellung: „Wenn ich nichts Gutes erwarte, bin ich nicht enttäuscht, wenn nichts Gutes passiert." Ich dachte, dass ich mich schützen konnte, wenn ich keine Hoffnung zuließ. So viele Enttäuschungen hatte ich erlebt, so viel Schlechtes war mir zugestoßen, dass ich Angst davor hatte, zu glauben, dass etwas Gutes passieren könnte. Ich glaubte, dass ich ein schlechtes und schweres Leben hatte und immer haben würde. Ich musste erst an der Klippe stehen, um aus tiefstem Herzen um Hilfe zu schreien. Dann änderten sich langsam meine Gedanken und die Kraft kam einfach zu mir, weil ich sie brauchte. Als ich anfing, mich um meine Seele zu kümmern mit dem Wissen, dass eine Kraft mich in dieser schweren Zeit begleiten und mich zur Heilung führen würde, verblassten meine negativen Gedanken immer mehr und wurden in Hoffnung und Zuversicht gewandelt. Ich begann, die Wahrheit aus **Matthäus 8,13** zu erkennen, dass mir entsprechend meinem Vertrauen Gutes geschieht. Denn Jesus kam, um den Men-

Petrus und viele andere Menschen; Markus 5,21–43 Heilung durch Glauben; Markus 7,24–30 Das Vertrauen einer nicht jüdischen Frau; Markus 7,31–37 Jesus heilt einen Taubstummen; Markus 8,22–26 Jesus heilt einen Blinden; Markus 10,46–52 Jesus heilt den blinden Bartimäus; Lukas 4,38–41 Jesus heilt viele Menschen; Lukas 7,1–10 Der Glaube des römischen Hauptmanns; Lukas 7,11–17 Auferweckung eines jungen Mannes; Lukas 8,40–56 Jesus heilt aufgrund Glaubens; Lukas 18,35–43 Jesus heilt einen blinden Bettler; Johannes 4,43–54 Jesus heilt den Sohn eines Beamten; Johannes 9,1–34 Jesus heilt einen Blindgeborenen; Johannes 11,1–37 Der Tod des Lazarus; Johannes 11,38–44 Jesus erweckt Lazarus von den Toten auf.

schen den Glauben zu bringen, den Glauben an Hoffnung und Zuversicht. Er zeigte uns, dass wir mit unserem tiefen Glauben an Heilung diese auch eintreten lassen können. Wenn man sich diese Wunder genauer betrachtet, wird klar, dass der wahre Glaube an Heilung nur von jedem selbst ausgehen kann. Zweifle nicht daran, dass du durch tiefen Glauben Heilung anziehst.

Fang an, positiv zu denken, sei in jeder neuen Situation optimistisch. Auch wenn alles, was in deinem Leben gerade geschieht, sich nicht gut anfühlt, erwarte, dass etwas Gutes daraus wachsen wird.

Lukas 5,12–16[70]: Jesus heilt einen Aussätzigen

Nachdem Jesus den Aussätzigen geheilt hatte, wurde er überrannt von Kranken. Aber auch Jesus achtete auf sich selbst und zog sich zurück, um seine Energie zu erneuern (**Lukas 5,16**). Er gibt uns hier die Lehre mit, wie wichtig ist es, seine Energie rechtzeitig aufzutanken, um nicht auszubrennen. Wir Menschen sind oft die meiste Zeit damit beschäftigt, Energie abzugeben. Wir können sie auf verschiedene Arten wiederherstellen. Was dabei notwendig ist, ist, dass wir bewusst entscheiden, wie wir es tun wollen. In allem ist Gott!

Lukas 17,11–19: Zehn Aussätzige werden geheilt

Von zehn kam nur einer zurück, um ihm zu danken (**Lukas 17,16**). Wann warst du das letzte Mal dankbar für dein Leben? Auch wenn du noch keinen Durchbruch erlebt hast, ist es wichtig, dir eine dankbare Haltung zu bewahren für alles, was Gott für dich getan hat und noch tun wird. Nimm dir Zeit, Gott zu danken; für sein Wirken in deinem Leben, für seine bedingungslose Liebe und für alles, was er dir bedeutet.

---

[70] Matthäus 8,1–4 heilt Jesus einen Aussätzigen; Markus 1,40–45 heilt Jesus einen Aussätzigen.

Johannes 5,1–15[71]: Jesus heilt einen Gelähmten

Warum lag der Mann (**Johannes 5,1–9**) 38 Jahre lang neben dem Teich? Er war nicht nur körperlich krank, sondern auch seelisch. Seelische Krankheiten sind viel schlimmer und oft schwerer zu behandeln als körperliche. Ich denke, sein körperlicher und sein seelischer Zustand nahmen ihm die Zuversicht und brachten ihn dazu, immer träger zu werden und sich aufzugeben. Ist dir aufgefallen, was der Mann auf die Frage antwortete, ob er gesund werden wolle? Er sagte: „Das geht nicht, weil ich niemanden habe, der mich in den Teich trägt, wo ich geheilt werden könnte." Doch Jesus bemitleidete ihn nicht, sondern sagte ihm klar: „Steh auf, nimm deine Matte und geh!" (**Johannes 5,8**). Mit anderen Worten: „Lieg nicht einfach hier rum, sondern tu etwas!" Jesus wusste, dass Selbstmitleid diesen Mann nicht erlösen würde. Darum bemitleidete er ihn seinerseits nicht. Er hatte Erbarmen mit ihm, und das ist etwas ganz anderes als Bedauern. Jesus war hier in keiner Weise schroff, hart oder gemein. Er wollte diesen Mann befreien! Selbstmitleid ist eins unserer größeren Probleme.

Markus 9,38–50[72]: Im Namen von Jesus Wunder tun

Jesus wollte, dass die Menschen an ihn glaubten und durch ihren festen Glauben auch selbst imstande sind, zu heilen. Jesus kam als Lehrer zu uns. Es liegt an uns, seine Lehre anzunehmen (**Markus 9,39**).

Markus 6,6–13[73]: Die Aussendung der Zwölf

Jesus musste den Aposteln keine Vollmacht geben, doch sie glaubten, dass sie sie bräuchten, um Wunder und Heilung zu vollbringen. Was sie tatsächlich brauchten, war der Glaube an sich selbst (**Markus 6,7**).

---

[71] Matthäus 9,1–8 Jesus heilt einen Gelähmten; Lukas 5,17–26 Jesus heilt einen Gelähmten.

[72] Lukas 9,49–50 Im Namen von Jesus Wunder tun.

[73] Matthäus 10,1–4 Jesus sendet die zwölf Apostel aus; Matthäus 10,5–15 Der Auftrag der Jünger; Matthäus 10,16–25 Drohende Verfolgung; Lukas 9,1–6 Die Aussendung der Zwölf.

Jesus stellte die Apostel auf die Probe, denn wenn sie nicht bedingungslos auf Gott vertrauten auf ihrem Weg, wäre ihr Glaube zu gering. Durch Vertrauen kannst auch du in deinem Glauben wachsen (**Markus 6,8**). Als Jesus seine Jünger aussandte, um Gottes Botschaft an verschiedenen Orten zu verkünden, sagte er auch, was die Jünger tun sollten, wenn sie abgelehnt würden. Er sagte ihnen nicht, dass sie weinen und beschämt sein, sich verletzen und blutig schlagen lassen sollten, sondern er sagte: „Schüttelt es ab!" (**Matthäus 10,14**). Wir können uns an diese Botschaft halten und Probleme, Enttäuschungen und Ablehnung ebenfalls abschütteln. Wenn du deiner Bestimmung folgen willst und einzelne oder Gruppen von Menschen dich ablehnen, dann werden andere da sein, die dich annehmen. Schüttele die Ablehnung einfach ab und geh weiter.

Markus 3,1–6[74]: Jesus heilt am Sabbat

Es gibt einige Geschichten, in denen Jesus am Sabbat heilte. Doch weil das gegen das geltende Gesetz verstieß, brachte er die Pharisäer immer wieder gegen sich auf. In diesem Fall, indem er sie vor allen anderen fragte: „Was darf man nach dem Gesetz am Sabbat tun? Gutes oder Böses? Einen Menschen das Leben retten oder ihn umkommen lassen?" (**Markus 3,4**)

Die Liebe, die Barmherzigkeit und das Mitgefühl stehen über jedem Gesetz. In den heiligen Schriften findest du immer wieder die Aussage, dass wir barmherzig, mitfühlend und vergebend sein sollen. Dafür ist es nötig, den Verstand in den Hintergrund zu stellen und dem Herzen zu folgen.

Markus 5,1–20: Jesus heilt einen Besessenen

Als Jesus wieder ein großes Wunder vollbrachte und diesen Mann heilte, bekamen die Menschen Angst, anstatt die Heilung als gute Tat zu sehen. Angst ist unser schlimmster Feind, denn sie hindert uns daran,

---

[74] Lukas 13,10–17 Jesus heilt eine Frau am Sabbat; Lukas 14,1–6 Heilung am Sabbat.

Gutes zu erkennen und anzunehmen, dass es unser Leben bereichern würde. Habe keine Angst vorm Leben und folge deiner inneren Stimme.

Markus 9,14–29[75]: Jesus heilt einen besessenen Jungen

Die meisten von uns können vermutlich mit dem Mann mitfühlen, der Jesus bittet: „Hilf mir, dass ich nicht zweifle!" (**Markus 9,24**) Brauchst du in einem deiner Lebensbereiche mehr Vertrauen? Bitte Gott, dein Vertrauen jeden Tag zu stärken, damit auch du davon überzeugt wirst. Alles ist möglich für dich, wenn du daran glaubst – zu gegebener Zeit erlebst du dann, was du geglaubt hast.

Markus 6,30–44[76]: Mehr als fünftausend Menschen werden satt

Meinst du manchmal, du hättest nicht viel zu geben? Wenn du Gott bereitwillig anbietest, was du hast, wird er es segnen und vermehren, um die Nöte anderer zu lindern – wie in dieser Geschichte. Was für dich nur wie ein kleiner Beitrag an Zeit, Begabung oder Geld aussieht, kann in Gottes Hand enorm viel Gutes bewirken.

Markus 6,1–6[77]: Jesus wird in Nazareth abgelehnt

Was hinderte die Menschen daran, an Jesus' Bestimmung zu Glauben? Es war Eifersucht und Neid! Durch ihren Neid glaubten sie nicht an seine Wunder und ohne Glauben – keine Heilung. Der Neid blockiert

---

[75] Matthäus 8,28–34 Jesus heilt zwei Besessene; Matthäus 17,14–21 Jesus heilt einen besessenen Jungen; Markus 1,21–28 Jesus treibt einen bösen Geist aus; Lukas 4,31–37 Jesus treibt einen Dämon aus; Lukas 8,26–39 Jesus heilt einen von Dämonen besessenen Mann; Lukas 9,37–43 Jesus heilt einen besessenen Jungen; Lukas 11,14–28 Jesus und der Oberste der Dämonen.

[76] Matthäus 14,13–21 Mehr als fünftausend Menschen werden satt; Matthäus 15,32–39 Mehr als viertausend Menschen werden satt; Markus 8,1–10 Viertausend Menschen werden satt; Lukas 9,10–17 Mehr als fünftausend Menschen werden satt; Johannes 6,1–15 Mehr als fünftausend Menschen werden satt.

[77] Johannes 4,1–42 Jesus und die Frau aus Samarien.

dich bei deiner Erkenntnis des Guten, aber ohne dein Bewusstsein zu erweitern, kommst du nicht voran.

Markus 1,35–39[78]: Jesus predigt in Galiläa

Jesus tankte seine Energie durch Beten auf. So hatte er die Kraft, seine Aufgaben zu erfüllen, für die er gekommen war (**Markus 1,35**). Ob wir durch Gebet oder Meditation die Verbindung herstellen, ist nicht von Bedeutung. Jeder Mensch muss seinen eigenen Weg zur Schöpfung finden. Dadurch schöpfen wir Kraft und können so auch Antworten auf unsere Fragen erhalten. Wie stark die Verbindung zu Gott werden soll, liegt in deiner Hand. Lass deine Zweifel und Ängste los und vertraue auf Gott, dann wirst du ihn erkennen und frei sein in einer Welt voller Gefangener.

Markus 11,15–25: Jesus jagt die Händler aus dem Tempel

Die Geschichten zeigten, dass auch Jesus ein Mensch war. Auch er ärgerte sich über Dinge, die um ihn herum geschahen. Was ihn so einzigartig machte, war sein fester Glaube. Er kam, um den Menschen zu zeigen, dass durch den Glauben alles möglich ist. Wenn wir in unserem Leben vor einem Berg stehen, reden wir meistens über ihn. Doch Gottes Wort weist uns an, mit ihm zu reden (**Markus 11,23–24**). Dass Jesus uns sagt, wir sollen voller Vertrauen mit unseren „Bergen" sprechen und ihnen befehlen, sich ins Meer zu stürzen, ist drastisch und ein paar Überlegungen wert. Was sagen wir zu den Bergen in unserem Leben? Gottes Wort auszusprechen ist etwas Kraftvolles und unbedingt notwendig, um unsere Berge zu besteigen. Die darauffolgende Vergebung ist wichtig, um unser Herz zu reinigen, damit sich die ganze Kraft unserer Worte entfalten kann.

---

[78] Matthäus 4,23–25 Das Wirken von Jesus in Galiläa; Lukas 5,1–11 Die ersten Jünger; Lukas 6,17–19 Viele Menschen folgten Jesus.

Matthäus 14,22–36[79]: Jesus geht auf dem Wasser

Jesus zeigt dir auf vielen Wegen, wie auch in dieser Geschichte, dass du durch einen großen und festen Glauben das Unmögliche möglich machen kannst. In dem Moment, wenn du an dir zweifelst, befindest du dich im Stillstand oder sogar im Rückschritt. Erst, wenn du deinen Glauben in dir wieder gefunden hast, kannst du mutig und sicher vorangehen.

Lukas 19,1–10: Jesus und Zachäus

Jesus nahm sich besonders viel Zeit für die Menschen, die auf Abwegen waren. Wie auch in dieser Erzählung von einem Zolleinnehmer, der sein Leben ändern wollte und ihm stolz von der Wiedergutmachung seiner Vergehen erzählte. Vergiss nicht: In jedem Moment kannst du die Entscheidung treffen, dein Leben zu verändern! Du bist nicht deine Vergangenheit.

Lukas 22,47–53: Jesus wird verhaftet

Was musste Jesus alles erleiden? Unschuldig verhaftet zu werden und Hetzkampagnen über sich ergehen lassen zu müssen – und trotz alldem hielt er seine Jünger davon ab, ihn zu verteidigen. Er wusste, das wäre in einem Blutbad geendet. Blut hätte wieder Blut gefordert und das war nicht sein Weg.
Heute ist das nicht anders: Jeder wird betrogen, ungerecht behandelt und dadurch tief verletzt. Aber genau dann ist es wichtig, nicht die Fassung zu verlieren und mit Bedacht zu handeln. Nur ein klarer Geist kann Auswege finden.

---

[79] Markus 6,45–56 Jesus geht auf dem Wasser; Johannes 6,16–21 Jesus geht auf dem Wasser; Matthäus 8,23–27 Im Sturm auf die Probe gestellt; Lukas 8,22–25 Im Sturm auf die Probe gestellt.

Nachschlagewerk

Das Buch der Jubiläen (oder Kleine Genesis (Auszüge))

Kapitel 16–21

16 Im elften Jubiläum nahm sich Jered in der vierten Woche eine Frau, deren Namen war Baraka, die Tochter der Rusujal, einer Tochter des Bruders seines Vaters, und sie gebar ihm einen Sohn in der fünften Woche, im vierten Jahr dieses Jubiläums, dem er den Namen Henoch gab.

17 Dieser war der Erste unter den Menschen, die auf Erden geboren wurden, der das Schreiben erlernte und Wissen und Weisheit erwarb und der die Zeichen des Himmels je nach der Abfolge ihrer Monate in einem Buch aufschrieb, damit die Menschen die Jahreszeiten nach der Abfolge der verschiedenen Monate kennen.

18 Er war der Erste, der ein Zeugnis aufschrieb. Vor den Söhnen der Menschen aller Generationen auf der Erde legte er Zeugnis ab und zählte die Wochen der Jubiläen nach, lehrte sie die Tage der Jahre und ordnete die Monate. Auch zählte er die Sabbate der Jahre nach, die wir ihm sagten.

19 Was war und was sein wird, sah er im Schlaf in einer Vision. Er sah, was mit den Kindern der Menschen während aller Generationen bis zum Tag des Gerichts geschehen wird. Er sah und verstand alles und schrieb sein Zeugnis nieder und brachte sein Zeugnis auf die Erde, damit alle Kinder der Menschen und alle Generationen es sehen können.

20 Im zwölften Jubiläum in der dritten Woche nahm er sich eine Frau, die hieß Edni und war die Tochter von Danel, der Tochter des Bruders seines Vaters. Im sechsten Jahre dieser Woche gebar sie ihm einen Sohn, dem er den Namen Methusalem gab.

21 Er war sechs Jubiläen Jahre (294 Jahre) bei den Engel Gottes, und

diese zeigten ihm alles, was auf Erden und in den Himmeln ist, und das Gesetzt der Sonne und er schrieb alles auf.

Qur'ān/Sura 19:56–57

Und erwähne in diesem Buch Idris (Henoch). Er war ein Wahrhaftiger, ein Prophet. (56) Wir erhoben ihn zu hohen Rang (57)

Qur'ān/Sura 21:85–86

Und Ismael und Idris (Henoch) und Du-l-Kifl; sie alle zählen zu den Standhaften. (85) Und wir ließen sie in unsere Barmherzigkeit eingehen; denn sie gehörten zu den Rechtschaffenen. (86)

Das Buch der Geheimnisse des Henoch von W. R. Morfill

Kapitel 24,1–5

Über die großen Geheimnisse Gottes, die Gott Henoch offenbarte, und wie er mit ihm von Angesicht zu Angesicht sprach.
1 Der Herr rief mich zu sich und sprach zu mir: Henoch, setze dich mit Gabriel zu meiner Linken.
2 Da verbeugte ich mich vor dem Herrn, und der Herr sprach zu mir: Geliebter Henoch, alles, was du siehst, alles, was erschaffen wurde, werde ich dir von Anfang an erzählen, alles, was ich aus dem Nichtsein heraus geschaffen habe, und alle sichtbaren Dinge aus dem Unsichtbaren.
3 Höre Henoch und nimm meine Worte auf, denn nicht einmal meinen Engeln habe ich mein Geheimnis enthüllt. Ich habe ihnen nicht ihren Ursprung enthüllt, noch den meines unendlichen Reiches. Auch haben sie meine Schöpfung nicht verstanden, die ich dir heute erzählen werde.
4 Bevor alle Dinge sichtbar wurden, wanderte ich allein inmitten der unsichtbaren Dinge wie die Sonne von Osten nach Westen und von Westen nach Osten.
5 Aber selbst die Sonne hat ihren Frieden in sich selbst, während ich

keinen Frieden fand, weil ich alle Dinge erschuf. Da erdachte ich den Gedanken, Fundamente zu errichten und eine sichtbare Schöpfung zu erschaffen.

Die Testamente der zwölf Erzväter (Auszüge)

Die frohe Botschaft bezüglich Set, der wir Gehör schenken müssen
Und der Herr zeigte Barmherzigkeit gegenüber Adam und schickte ihm seinen Engel, der zu Adam sagte: „Erkenne deine Frau, damit du einen Sohn an Abels statt hast."
Adam antwortete: „Ich kann meine Frau nicht erkennen, denn ich habe sie schon zweimal erkannt und das war eine größere Strafe als meine Verweisung aus dem Garten. Denn solange ich Abel mit Blut beschmiert sehe, trauert mein Herz und stört mich. Wenn ich mich dann umdrehe und Kains Strafe sehe, kommen mir die Tränen. Wenn ich meine Frau noch einmal erkenne, mag das die Ursache für weitere Gram und weiteres Leid sein."
Der Engel sprach: „Fürchte dich nicht, Adam, denn Gott wird dir einen Sohn schenken und du sollst ihm den Namen Set geben, was so viel wie „Trost" heißt. Er soll die gesegnete Saat sein und der Anführer der Patriarchen. Auch soll er dir ein Trost sein. So viel Kummer dir Kains Boshaftigkeit bereitet hat, so viel Trost soll Set dir spenden. Und deine Saat und die Saat Sets werden sich vervielfachen und die Welt soll davon erfüllt sein. Aber lass nicht zu, dass sich der Same Sets oder der Same deiner anderen Kinder mit dem aus dem Geschlecht Kains vermischt. Denn wenn sie sich mit jenem Geschlecht vermischen, werden deine guten Kinder böse werden und dann werden sie alle zusammen bestraft werden."
Als der Engel Adam die frohe Botschaft bezüglich Set überbrachte, hatte er kein anderes Kind aus dem Samen Kains. Als Set geboren wurde, gab es 390 Frauen und 24 Männer. Kain ermordete Abel 30 Jahre, nachdem er geheiratet hatte. Abel hatte in dem Jahr heiraten sollen. Aber dies geschah nicht und so wurde er ein jungfräulicher Märtyrer. Als Set und seine anderen Brüder geboren wurden, waren seine Eltern durch ihn getröstet, wie es der Engel verkündet hatte. Die Saat Sets und seine Brü-

der vermehrte sich, sie verjagten die Saat des Kain und vermischten sich nicht damit und lebten ein tugendhaftes Leben.

Und der Sohn des Set, Enosch, die gute Frucht, fragte seinen Vater und sprach: „Warum ist unser Großvater Adam so traurig?"

Set antwortete: „Er ist bekümmert, weil er von der Frucht gegessen hat und des Gartens verwiesen wurde."

Da sprach Enosch zu seinem Vater: „Die Schuld des Vaters muss vom Sohn bezahlt werden." Aus diesem Grund heiratete Enosch nicht. Er legte einen Rebberg an. Es war ein großer Rebberg voller guter Dinge, in dem er 64 Jahre lang arbeitete. Alle Menschen aßen von seinen Früchten, aber er, Enosch, kostete keine von ihnen. Auf seinem Kopf trug er einen Eisenhelm, damit er nicht zu den Früchten der Bäume empor blicken möge. 64 Jahre lang beschnitt er die Reben, aber er aß nichts vom Rebberg. Da befahl Gott seinen Engeln, dass sie ihn in seinem Körper entrücken und ihn ins Paradies bringen sollten, wo er bis zum heutigen Tag wohnt. Als die anderen Kinder Sets und Adam sahen, dass Enosch aufgrund seiner Reinheit und seines Fastens ins Paradies aufgenommen worden war, da gingen viele von ihnen los, zogen sich in die Berge zurück und widmeten sich ganz der Läuterung und Kasteiung.

Qur'ān/Sura 7:26–31

O Kinder Adams, wir gaben euch Kleidung, um eure Scham zu bedecken und zum Schmuck; doch das Kleid der Frömmigkeit, das ist das Beste. Dies ist eins der Zeichen Allāhs, auf dass sie (dessen) eingedenk sein mögen. (26)

O Kinder Adams, lasst Satan euch nicht verführen, (so) wie er eure Eltern aus dem Garten vertrieb und ihnen ihre Kleidung entriss, um ihnen ihre Scham zu zeigen. Wahrlich, er sieht euch, er und seine Schar, von wo ihr sie nicht seht. Denn seht, wir haben die Satane zu Freunden derer gemacht, die nicht glauben. (27) Und wenn sie eine Schandtat begehen, sagen sie: „Wir fanden unsere Väter dabei, und Allāh hat sie uns befohlen." Sprich: „Wahrlich, Allāh befiehlt keine Schandtaten. Wollt ihr denn von Allāh reden, was ihr nicht wisst?" (28) Sprich: „Mein Herr hat Gerechtigkeit befohlen. Und ihr sollt euer Antlitz bei jeder Gebetsstätte (zu ihm) richten, und ihr sollt ihn in lauterem Gehorsam anrufen. Wie er euch ins Dasein gebracht hat, so werdet ihr (zu ihm) zurückkehren." (29) Eine Schar hat er rechtgeleitet, eine andere aber wurde nach Gebühr Irrtum zuteil, da sie sich die Satane zu Beschützern außer Allāh genommen hatten; und (sie) meinen, sie seien rechtgeleitet. (30) O Kinder Adams, habt eine gepflegte Erscheinung an jeder Gebetsstätte, und esst und trinkt, doch überschreitet (dabei) das Maß nicht; wahrlich, er liebt nicht diejenigen, die nicht Maß halten. (31)

Qur'ān/Sura 5:27–32

Und verlies ihnen in Wahrheit die Geschichte von den zwei Söhnen Adams, als sie beide ein Opfer darbrachten, und es von dem einen angenommen und von dem anderen nicht angenommen wurde. Da sagte dieser: „Wahrhaftig, ich schlage dich tot." Jener erwiderte: „Allāh nimmt nur von den Gottesfürchtigen (Opfer) an. (27) Wenn du auch deine Hand nach mir ausstreckst, um mich zu erschlagen, so werde ich doch nicht meine Hand nach dir ausstrecken, um dich zu erschlagen. Ich fürchte Allāh, den Herrn der Welten. (28) Ich will, dass du die Last meiner Sünde und deiner Sünde trägst und so unter den Bewohnern des Feuers bist, und dies ist der Lohn der Frevler." (29) Doch er erlag dem Trieb, seinen Bruder zu töten; also erschlug er ihn und wurde einer von den Verlierern. (30) Da sandte Allāh einen Raben, der auf dem Boden scharrte, um ihm zu zeigen, wie er den Leichnam seines Bruders verbergen könne. Er sagte: „Wehe mir! Bin ich nicht einmal imstande, wie dieser Rabe zu sein und den Leichnam meines Bruders zu verbergen?" Und da wurde er reumütig. (31) Deshalb haben wir den Kindern Israels verordnet, dass, wenn jemand einen Menschen tötet, ohne das dieser einen Mord begannen hätte, oder ohne dass ein Unheil im Lande geschehen wäre, es so sein soll, als hätte er die ganze Menschheit getötet; und wenn jemand einem Menschen das Leben erhält, es so sein soll, als hätte er der ganzen Menschheit das Leben erhalten. Und unsere Gesandten kamen mit deutlichen Zeichen zu ihnen; dennoch, selbst danach begingen viele von ihnen Ausschreitungen im Land. (32)

Das Henoch Buch

Kapitel 7,1–15

1 Nachdem die Söhne der Menschen sich in jenen Tagen vermehrt hatten, wurden ihnen schöne und liebliche Töchter geboren.

2 Als die Engel[80], die Söhne des Himmels, jene sahen, gelüstete es sie nach ihnen, und sie sprachen zueinander: „Kommt, wir wollen uns Frauen unter den Menschen Töchtern auswählen und Kinder zeugen." (siehe dazu: Tora Genesis 6,1–2)

3 Dann sprach ihr Anführer Samyaza zu ihnen: „Ich fürchte, ihr werdet wohl diese Tat nicht ausführen wollen,

4 sodass ich allein für ein so großes Verbrechen zu büßen haben werde.

5 Aber sie antworteten ihm und sprachen: Wir werden einen Eid schwören.

6 Und uns durch gegenseitige Verfluchungen verpflichten, unsere Absicht nicht aufzugeben, sondern dieses Werk auszuführen.

7 Dann schwören sie alle zusammen und verpflichteten sich untereinander durch Flüche dazu. Es waren im Ganzen 200, die auf Ardis[81] auf dem Gipfel des Berges Hermon hinabfuhren.

8 Daher wurde der Berg Hermon genannt, weil sie auf ihm geschworen und sich durch gegenseitige Flüche verpflichtet hatten.

9 Dies sind die Namen ihrer Anführer: Samyaza, ihr Anführer, Urakabarameel, Akibeel, Tamiel, Ramuel, Danel, Azkeel, Sarakujal, Azazel, Armers, Batraal, Anane, Zavebe, Samsaveel, Ertael, Turel, Jomjael, Arazjal. Dies waren die Führer der 200 Engel und die Übrigen waren mit ihnen.

10 Dann nahmen sie sich Frauen, jeder von ihnen wählte sich eine aus, und sie begannen, sich ihnen zu nähern und mit ihnen in unehelicher

---

[80] Engeln: In einem aramäischen Text steht „Wächter"

[81] „Auf Adris" oder „in den Tagen Jereds"

Gemeinschaft zu leben. Sie lehrten sie Zauberei, Beschwörungsformeln und das Weissagen mit Wurzeln.

11 Und die Frauen wurden schwanger und gebaren Riesen[82],

12 die 300 Ellen maßen. Sie verzehrten alles, was die Arbeit der Menschen hervorgebracht hatte, bis es unmöglich wurde, sie zu ernähren.

13 Sie aber wandten sich gegen die Menschen, um sie zu fressen.

14 Sie begannen Vögel, Tiere, Reptilien und Fischen zu töten und nacheinander deren Fleisch aufzufressen und ihr Blut zu trinken.

15 Und die Erde klagte über die Ungerechten.

In dem Werk „Gefallene Engel", findest du „Das Henoch Buch" und „Das Buch der Geheimnisse des Henoch", darin findet ihr viele Informationen über die weiteren Ereignisse mit den gefallenen Engeln.

Kapitel 10,1–29

In „Das Buch Henoch", wird von Noah weiter erzählt. Gott schickt Engel Uriel zu Noah und offenbart ihm die Sintflut und die Gründe dafür.

1 Da sprach der Höchste der Hohen, der Große und Heilige,

2 und schickte Arsajalajur[83] zum Sohne Lamechs (Noah)

3 und sprach zu ihm: Sage ihm in meinem Namen, er solle sich verbergen.

4 Offenbare ihm die bevorstehende Zerstörung. Denn die ganze Erde wird untergehen, eine Wasserflut wird über die ganze Erde kommen und alles auf ihr wird untergehen.

5 Lehre ihn, wie er entkommen und wie seine Nachkommenschaft auf der Erde erhalten bleiben kann.

---

[82] Riesen: Die griechischen Texte unterscheiden sich erheblich von dem hier verwendeten äthiopischen Text. Ein griechisches Manuskript fügt an dieser Stelle hinzu: „Und sie, die Frauen, gebaren ihnen, den Wächtern, drei Rassen. Zuerst, die großen Riesen. Die Riesen gebaren (manche sagen auch „erschlugen") die Nephilim. Und die Nephilim gebaren (oder erschlugen) die Eliud. Und sie existieren und gewannen an Macht aufgrund ihrer Größe." Im „Das Jubiläenbuch" findet man eine Stelle in dem Kapitel über Noah: „Die Riesen erschlugen die Nephilim und die Nephilim erschlugen die Eliud und die Eliud, die Menschen und die Menschen einander."

[83] Arsajalajur: In einem griechischen Text steht (Engel) Uriel

1 In jenen Tagen sah Noah, wie sich die Erde neigte und dass das Verderben nahte.

2 Da stand er auf und wanderte bis zu den Enden der Erde zur Behausung seines Urgroßvaters Henoch.

3 Und Noah klagte mit Bitterkeit in der Stimme: Höre mich, höre mich, höre mich. Dreimal. Und er sprach: Sage mir, was auf der Erde vor sich geht, denn die Erde erbebt und ist erschüttert. Sicher werde ich mit ihr untergehen.

4 Danach gab es ein großes Erdbeben auf der Erde und eine Stimme ertönte vom Himmel. Ich fiel auf mein Angesicht, als mein Urgroßvater Henoch kam und neben mich trat.

5 Er sprach: Warum hast du so bitter und wehklagend zu mir geschrien?

6 Ein Befehl ist vom Herrn über die ergangen, die die Erde bewohnen, dass sie vernichtet werden sollen, weil sie alle Geheimnisse der Engel und jede geheime Macht der Satane kennen, und alle Kräfte derer, die Hexerei betreiben, und die Kraft derer, die auf der ganzen Erde erzene Bilder gießen.

7 Sie wissen, wie Silber aus dem Staub der Erde gewonnen wird und wie das weiche Metall auf der Erde entsteht, denn Blei und Zinn werden nicht aus der Erde gewonnen.

8 Ein Engel steht darauf und dieser Engel kämpft darum, zu siegen.

9 Darauf fasste mich mein Urgroßvater Henoch an der Hand, half mir auf und sagte zu mir: Geh, denn ich habe den Herrn der Geister wegen dieses Erdbebens befragt. Er antwortete: Wegen ihrer Freveltaten wird das Urteil über die Sünder vollzogen. Nach den Monden haben sie gefragt, und sie wussten, dass die Erde mit allen, die sie bewohnen, untergehen wird. Für diese wird es niemals eine Zuflucht geben.

10 Sie haben die Geheimnisse entdeckt, und sie sind es, über die geurteilt wurde, aber nicht du, mein Sohn. Der Herr der Geister weiß, dass du rein und gut bist und frei vom Vorwurf, Geheimnisse entdeckt zu haben.

---

[84] Kapitel 64, 65, 66 und der erste Vers von 67 enthalten offensichtlich eine Vision Noahs und nicht Henochs.

11 Er, der Heilige, wird deinen Namen unter den Heiligen nennen. Er wird dich unter denjenigen, die auf Erden wohnen, bewahren. Er wird deine Nachkommen in Gerechtigkeit bewahren und ihnen Herrschaft und große Herrlichkeit verleihen. Aus deinem Samen werden bis in alle Ewigkeit Gerechte und Heilige ohne Zahl hervorkommen.

In Kapitel 65 und 66 wird berichtet über die Abläufe der Sintflut und die Gründe, die dazu geführt haben.

Kapitel 66,1–3 (Auszug)

1 In jenen Tagen erging das Wort Gottes an mich und er sprach: Noah, siehe dein Los ist mir berichtet worden, ein Los ohne Verbrechen, ein Los der Liebe und Rechtschaffenheit.

2 Und nun werden die Engel Hand an die Bäume legen, und wenn sie die Arbeit beginnen, so werde ich sie segnen und das Werk bewahren.

3 Der Same des Lebens soll daraus hervorgehen und die Erde wird sich verwandeln, damit das trockene Land nicht leer bleibe. Ich werde deine Nachkommen bis in alle Ewigkeit bewahren und die Nachkommen all derer, die mit dir die Erde bewohnen. Sie sollen gesegnet sein und sich im Namen des Herrn über die Erde ausbreiten.

Kapitel 67,1

1 Darauf gab er mir die besonderen Merkmale (die Zeichen) all der Geheimnisse im Buch meines Urgroßvaters Henoch und in den Parabeln, die ihm gegeben worden waren. Er fügte sie für mich zwischen den Worten des Buchs der Parabeln ein.

In Kapitel 88 erzählt Henoch eine weitere Vision, die mit Noah zusammenhängt und übergeht zur Moses Geschichte.

In Kapitel 105 wird über Noahs Geburt und seine Bestimmung erzählt.

Kapitel 105,16

…Benachrichtige nun deinen Sohn Lamech, dass das Kind, das geboren wurde, wirklich sein Kind ist, und dass er ihm den Namen Noah geben soll, denn es wird euch alle überleben …

Kapitel 105,20

Als Methusalem das Wort seines Vaters Henoch vernommen hatte, der ihm alles Verborgene gezeigt hatte, kehrte er voller Einsicht zurück und gab dem Kind den Namen Noah, denn es sollte die Erde nach der Verwüstung trösten.

Qur'ān

Sura 7:59

Wir entsandten Noah zu seinem Volk, und er sagte: „O mein Volk, dient Allāh; ihr habt keinen anderen Gott außer ihm. Wahrlich, ich fürchte für euch die Strafe eines großen Tages." (59)

Sura 10:71–74

Und verlies ihnen die Geschichte von Noah, als er zu seinem Volk sagte: „O mein Volk, wenn mein Rang und meine Ermahnung durch die Zeichen Allāhs für euch unerträglich sind, so setze ich mein Vertrauen in Allāh; so beschließt nur eure Angelegenheiten und versammelt eure Teilhaber, und belasst euer Planen nicht im Verborgenen, sondern handelt gegen mich, und gebt mir keine Wartezeit. (71) Kehrt ihr (mir) aber den Rücken, so habe ich von euch keinen Lohn verlangt. Mein Lohn ist allein bei Allāh, und mir wurde befohlen, zu den Gottergebenen zu gehören." (72) Doch sie bezichtigten ihn der Lüge; darum retteten wir ihn und die, die bei ihm im Schiff waren. Und wir machten sie zu den Nachfolgern (der Menschen), während wir jene ertrinken ließen, die unsere Zeichen für Lügen hielten. Schau also, wie das Ende derer war, die gewarnt worden waren! (73) Dann schickten wir nach ihm Gesandte, jeden zu seinem Volk, und sie brachten ihnen klare Beweise. Allein sie wollten unmöglich an das glauben, was sie zuvor verleugnet hatten. So versiegeln wir die Herzen der Übertreter. (74)

Sura 23:23–30

Und wir sandten wahrlich Noah zu seinem Volk, und er sagte: „O mein Volk, dient Allāh. Ihr habt keinen anderen Gott außer ihm. Wollt ihr also nicht gottesfürchtig sein?" (23) Aber die Vornehmen seines Volks, die ungläubig waren, sagten: „Er ist nur ein Mensch wie ihr; er möchte sich bloß über euch erheben. Hätte Allāh ihr gewollt, hätte er doch gewiss Engel hinab senden können. Wir haben nie von solchem unter unseren Vorvätern gehört. (24) Er ist nichts anderes als ein Mann, der unter Besessenheit leidet; wartet darum eine Weile mit ihm." (25) Er sagte: „Mein Herr, hilf mir; denn sie haben mich der Lüge bezichtigt." (26) So offenbarten wir ihm: „Baue das Schiff unter unserer Aufsicht und gemäß unserer Eingebung. Und wenn unser Befehl ergeht und die Oberfläche der Erde (Wasser) hervorwallen lässt, dann nimm ein Paar von jeglicher Gattung an Bord sowie deine Angehörigen mit Ausnahme derer, gegen die das Wort bereits ergangen ist. Und sprich mich nicht deretwegen an, die gefrevelt haben; denn sie werden ertränkt. (27) Und wenn du dich auf dem Schiff eingerichtet hast, du und die, die bei dir sind, dann sprich: „Alles Lob gebührt Allāh, der uns vor dem ruchlosen Volk errettet hat!" (28) Und sprich: „Mein Herr, gewähre mir eine gesegnete Unterkunft; denn du bist der Beste, der für die Unterkunft sorgt." (29) Wahrlich, hierin liegen Zeichen, und wir haben sie nur auf die Probe gestellt. (30)

Sura Nuh (Noah) 71

Im Namen Allāhs, des Allerbarmers, des Barmherzigen!
Wahrlich, wir sandten Noah zu seinem Volk (und sprachen:) „Warne dein Volk, bevor über sie eine schmerzliche Strafe kommt." (1) Er sagte: „O mein Volk! Wahrlich, ich bin für euch ein deutlicher Warner (2), auf das ihr Allāh dienen und ihn fürchten und mir gehorchen mögt. (3) Dann wird er euch etwas von euren Sünden vergeben und euch Aufschub bis zu einer bestimmten Frist gewähren. Wahrlich, Allāhs Termin kann nicht verschoben werden, wenn er fällig ist, wenn ihr es nur wüsstet!" (4) Er sagte: „Mein Herr, ich habe mein Volk bei Nacht und bei Tag

(zum Glauben) aufgerufen. (5) Doch mein Ruf hat nur bewirkt, dass sie mehr und mehr davonlaufen (6); und sooft ich sie rief, dass du ihnen vergeben mögest, steckten sie ihre Finger in die Ohren und hüllten sich in ihre Gewänder und verharrten (in ihrem Zustand) und wurden allzu hochmütig. (7) Dann rief ich sie laut vernehmbar auf. (8) Dann predigte ich ihnen öffentlich, und ich redete zu ihnen im geheimen (9), und ich sagte: „Sucht Vergebung bei eurem Herrn; denn er ist allvergebend. (10) Er wird Regen für euch in Fülle herniedersenden (11); und er wird euch mit Glücks Gütern und Kindern stärken und wird euch Gärten bescheren und für euch Flüsse strömen lassen. (12) Was ist mit euch, dass ihr Allāh nicht (in der ihm gebührenden Weise) ehrt (13), wo er euch doch in (verschiedenen) Phasen erschaffen hat? (14) Habt ihr nicht gesehen, wie Allah/Gott sieben aufeinander geschichtete Himmel erschaffen hat (15) und den Mond als ein Licht in sie gesetzt hat? Und gemacht hat er die Sonne zu einer Leuchte. (16) Und Allāh hat euch wie die Pflanzen aus der Erde wachsen lassen. (17) Dann wird er euch wieder in sie zurückkehren lassen, und er wird euch dann aus ihr hervorbringen. (18) Und Allāh hat die Erde für euch zu einer ausgelegten Fläche gemacht (19), auf dass ihr auf ihren gangbaren Wegen ziehen mögt." (20) Noah sagte: „Mein Herr, sie haben mir nicht gehorcht und sind einem gefolgt, dessen Reichtum und Kinder nur sein Verderben verstärkt haben. (21) Und sie haben gewaltige Ränke geschmiedet. (22) Und sie sagen (zueinander): „Lasst eure Götter nicht im Stich. Und verlasst weder Wadd[85] noch Suwà noch Yagut und Ya'ug und Nasr." (23) Und wahrlich, sie haben viele verführt; so mache, dass die Ungerechten selber um so mehr in die Irre gehen." (24) Ihrer Sünden wegen wurden sie ertränkt und in ein Feuer gebracht. Und dort konnten sie keine Helfer für sich gegen Allāh finden. (25) Und Noah sagte: „Mein Herr, lass auf der Erdoberfläche keinen einzigen von den Ungläubigen (übrig) (26); denn, wenn du sie lässt, so werden sie nur deine Diener verführen und werden nur eine unverschämte Nachkommenschaft von Ungläubigen zeugen. (27) Mein Herr, vergib mir und meinen Eltern und dem, der mein Haus gläubig betritt, und den gläu-

---

[85] Wadd (Liebe) war ein bedeutender altsüdarabischer Mondgott, der in vorislamischer Zeit verehrt wurde.

bigen Männern und den gläubigen Frauen; und stürze die Ungerechten aber umso tiefer ins Verderben." (28)

Sura 6:74–83

Und als Abraham zu seinem Vater Azar sagte: „Nimmst du Götzen zu Göttern? Ich sehe dich und dein Volk in einem offenbaren Irrtum" (74), da zeigten wir Abraham das Reich der Himmel und der Erde, auf dass er zu den Festen im Glauben zählen möge. (75) Als ihn nun die Nacht überschattete, da erblickte er einen Stern. Er sagte: „Das ist mein Herr." Doch da er unterging, sagte er: „Ich liebe nicht die Untergehenden." (76) Als er den Mond sah, wie er sein Licht ausbreitete, da sagte er: „Das ist mein Herr." Doch da er unterging, sagte er: „Wenn mein Herr mich nicht rechtleitet, werde ich gewiss unter den Verirrten sein." (77) Als er die Sonne sah, wie sie ihr Licht ausbreitete, da sagte er: „Das ist mein Herr, das ist noch größer." Da sie aber unterging, sagte er: „O mein Volk, ich habe nichts mit dem zu tun, was ihr (Allāh) zur Seite stellt. (78) Seht, ich habe mein Angesicht in Aufrichtigkeit zu Dem gewandt, der die Himmel und die Erde erschuf, und ich gehöre nicht zu den Götzendienern." (79)

Und sein Volk stritt mit ihm. Da sagte er: „Streitet ihr mit mir über Allāh, da er mich schon rechtgeleitet hat? Und ich fürchte nicht das, was ihr ihm zur Seite stellt, sondern nur das, was mein Herr will. Mein Herr umfasst alle Dinge mit Wissen. Wollt ihr euch denn nicht ermahnen lassen? (80) Und wie sollte ich das fürchten, was ihr (Allāh) zur Seite stellt, wenn ihr nicht fürchtet, Allāh etwas zur Seite zu stellen, wozu er euch keine Vollmacht niedersandte?" Welche der beiden Parteien hat also ein größeres Anrecht auf Sicherheit, wenn ihr es wissen würdet? (81)

Die da glauben und ihren Glauben nicht mit Ungerechtigkeiten vermengen, sie sind es, die Sicherheit haben und die rechtgeleitet werden. (82) Dies ist unsere Beweisführung, die wir Abraham seinem Volk gegenüber gaben. Wir erheben im Rang, wen wir wollen. Wahrlich, dein Herr ist Allweise, Allwissend. (83)

Und es kamen unsere Gesandten mit froher Botschaft zu Abraham. Sie sprachen: „Friede!" Er sagte: „Friede!" und es dauerte nicht lange, bis er ein gebratenes Kalb herbei brachte. (69) Als er aber sah, dass ihre Hände sich nicht danach ausstrecken, fand er sie befremdend und empfand Furcht vor ihnen. Sie sprachen: „Fürchte dich nicht; denn wir sind zum Volk Lots entsandt worden." (70) Und seine Frau stand dabei und lachte, worauf wir ihr die frohe Botschaft von (ihrem künftigen Sohn) Isaak und von (dessen künftigen Sohn) Jakob nach Isaak verkündeten. (71) Sie sagte: „Ach, wehe mir! Soll ich ein Kind gebären, wo ich doch eine alte Frau bin und dieser mein Mann ein Greis ist? Das wäre wahrlich eine wunderbare Sache." (72) Da sprachen jene: „Wunderst du dich über den Beschluss Allāhs? Allāhs Gnade und seine Segnungen sind über euch, o Leute des Hauses. Wahrlich, er ist preiswürdig und ruhmvoll." (73) Als die Furcht von Abraham abließ und die frohe Botschaft zu ihm kam, da begann er, mit uns über das Volk Lots zu streiten. (74) Wahrlich, Abraham war milde, mitleidend und bußfertig. (75) „O Abraham, lass von diesem (Streit) ab. Siehe, schon ist der Befehl deines Herrn ergangen, und über sie bricht ganz gewiss die unabwendbare Strafe herein." (76) Und als unsere Gesandten zu Lot kamen, geriet er ihretwegen in Bedrängnis, wurde ratlos und entsetzt und sagte: „Das ist ein schwerer Tag." (77) Und sein Volk kam eilends zu ihm gelaufen; und schon zuvor hatten sie Schlechtigkeiten verübt. Er sagte: „O mein Volk, dies hier sind meine Töchter; sie sind reiner für euch (als meine Gäste). So fürchtet Allāh und bringt keine Schande hinsichtlich meiner Gäste über mich. Ist denn kein redlicher Mann unter euch?" (78) Sie sagten: „Du weißt recht wohl, dass wir keine Absicht hinsichtlich deiner Töchter hegen, und du weißt wohl, was wir wollen." (79) Er sagte: „Hätte ich doch Macht über euch, oder könnte ich Zuflucht bei einer starken Stütze finden!" (80) Sie sprachen: „O Lot, wir sind Gesandte deines Herrn. Sie sollen dich nimmermehr erreichen. So mache dich mit den Deinen in einer Phase der Nacht aus; und niemand von euch wende sich um, außer deiner Frau. Gewiss, was jene dort treffen wird, das wird auch sie treffen. Siehe, am Morgen ist ihr Termin. Ist nicht der Morgen nahe?" (81)

Als nun unser Befehl eintraf, da kehrten wir in dieser (Stadt) das Oberste zuunterst und ließen auch brennende Steine niedergehen, die wie Regentropfen aufeinander folgten. (82) Und (dies war für sie) bei deinem Herrn aufgezeichnet. Und das gleiche liegt auch den Ungerechten nicht fern. (83)

Sura 15:51–79

Und verkünde ihnen von den Gästen Abrahams (51), als sie bei ihm eintraten und sprachen: „Friede!", und er sagte: „Wir haben Angst vor euch." (52) Sie sprachen: „Fürchte dich nicht, wir bringen dir frohe Kunde von einem hochbegabten Knaben." (53) Er sagte: „Bringt ihr mir die frohe Kunde ungeachtet dessen, dass ich vom Alter getroffen bin? Welche frohe Kunde bringt ihr denn?" (54) Sie sprachen: „Wir haben dir die frohe Kunde wahrheitsgemäß überbracht; sei darum nicht einer derjenigen, die die Hoffnung aufgeben." (55) Er sagte: „Und wer außer den Verirrten zweifelt an der Barmherzigkeit seines Herrn?" (56) Er sagte: „Was ist euer Auftrag, ihr Boten?" (57) Sie sprachen: „Wir sind zu einem schuldigen Volk entsandt worden (58), ausgenommen die Anhänger Lots, die wir alle erretten sollen (59), bis auf seine Frau. Wir bestimmten, dass sie unter denen sein wird, die zurückbleiben." (60)
Als die Boten zu den Anhängern Lots kamen (61), da sagte er: „Wahrlich, ihr seid (uns) unbekannte Leute." (62) Sie sprachen: „Nein, aber wir sind mit dem zu dir gekommen, woran sie zweifelten. (63) Und wir sind mit der Gerechtigkeit zu dir gekommen, und gewiss, wir sind wahrhaftig. (64) So mache dich mit den Deinen in einer nächtlichen Stunde fort und ziehe hinter ihnen her. Und keiner von euch soll sich umwenden, sondern geht, wohin euch befohlen werden wird." (65) Und wir verkündeten ihm in dieser Angelegenheit, dass die Wurzel jener (Leute) am Morgen ausgerottet werden sollte. (66)
Und das Volk der Stadt kam voller Freude. (67) Er sagte: „Das sind meine Gäste, so tut mir keine Schande an. (68) Und fürchtet Allāh und stürzt mich nicht in Schmach." (69) Sie sagten: „Haben wir dir nicht verboten, Leute (aufzunehmen)?" (70) Er sagte: „Hier sind meine Töchter, wenn ihr etwas zu unternehmen beabsichtigt." (71)

Wahrhaftig! Sie waren in ihrem Rausch verblendet, so dass sie umher-
irrten. (72) Da erfasste der Schrei sei bei Sonnenaufgang. (73) Und wir
kehrten das Oberste zuunterst, und wir ließen auf sie brennende Steine
niederregnen. (74) Wahrlich, hierin liegen Zeichen für die Einsichtigen.
(75) Und wahrlich, diese (Städte) lagen an einem (immer noch) vorhan-
denen Weg. (76) Wahrlich, hierin ist ein Zeichen für die Gläubigen. (77)
Und wahrlich, die Leute des Waldes waren gewiss Frevler. (78) Und wir
rächten uns an ihnen. Und beide liegen als eine erkennbare Mahnung
da. (79)

Sura 19:41–50

Und erwähne in diesem Buch Abraham. Er war ein Wahrhaftiger, ein
Prophet (41), als er zu seinem Vater sagte: „O mein Vater, warum verehrst du das, was weder hört noch sieht, noch dir (irgend) etwas nützen
kann? (42) O mein Vater, zu mir ist Wissen gekommen, das nicht zu
dir kam; so folge mir, ich will dich auf den ebenen Weg leiten. (43) O
mein Vater, diene nicht Satan; denn Satan empört sich gegen den Allerbarmer. (44) O mein Vater, siehe, ich fürchte, es könnte dich die Strafe
des Allerbarmers treffen, und dann wirst du ein Freund Satans werden."
(45) Er sagte: „Wendest du dich von meinen Göttern ab, o Abraham?
Wenn du (damit) nicht aufhörst, so werde ich dich wahrlich steinigen.
„Verlass mich für lange Zeit." (46) Er (Abraham) sagte: „Friede sei auf
dir! Ich will bei meinem Herrn um Vergebung für dich bitten; denn er
ist gnädig gegen mich. (47) Und ich werde mich von euch und von dem,
was ihr statt Alläh anruft, fernhalten; und ich will zu meinem Herrn
beten; ich werde durch das Gebet zu meinem Herrn bestimmt nicht
unglücklich sein." (48) Als er sich nun von ihnen und von dem, was sie
statt Alläh verehrten, getrennt hatte, da bescherten wir ihm Isaak und
Jakob und machten beide zu Propheten. (49) Und wir verliehen ihnen
unsere Barmherzigkeit; und wir gaben ihnen einen guten Ruf und ho-
hes Ansehen. (50)

Sura 21:68–75

Sie sagten: „Verbrennt ihn und helft euren Göttern, wenn ihr etwas tun
wollt." (68) (Jedoch) wir sprachen: „O Feuer, sei kühl und ein Frieden
für Abraham!" (69) Und sie sterben, ihm Böses zu tun, allein wir machten sie zu den größten Verlierern. (70) Und wir retteten ihn und Lot in
das Land, das wir für die Welten gesegnet hatten. (71) Und wir schenkten ihm Isaak und dazu Jakob, und wir machten jeden von ihnen recht-
schaffen. (72) Und wir machten sie zu Vorbildern, die auf unser Geheiß
(die Menschen) rechtleiteten, und wir gaben ihnen ein, Gutes zu tun,
das Gebet zu verrichten und die Zakāh zu entrichten. Und sie verehrten uns allein. (73) Und Lot gaben wir Weisheit und Wissen. Und wir
retteten ihn aus der Stadt, die Schändlichkeiten beging. Sie waren wahrlich ein ruchloses Volk und Frevler. (74) Und wir ließen ihn in Unsere
Barmherzigkeit eingehen; denn er war einer der Rechtschaffenen (75)

Sura 43:26–27

Und da sagte Abraham zu seinem Vater und seinem Volk: „Ich sage
mich von dem los, was ihr anbetet (26) statt dem, der mich erschuf;
denn er wird mich rechtleiten." (27)

Sura 51:24–37

Ist die Geschichte von Abrahams geehrten Gästen nicht zu dir gekommen? (24) Als sie bei ihm eintraten und sprachen: „Frieden!" sagte er:
„Frieden, unbekannt Leute." (25) Und er ging unauffällig zu seinen Angehörigen und brachte ein gemästetes Kalb. (26) Und er setzte es ihnen
vor. Er sagte: „Wollt ihr nicht essen?" (27) Es erfasst ihn Furcht vor ihnen. Sie sprachen: „Fürchte dich nicht." Dann gaben sie ihm die frohe
Nachricht von einem klugen Knaben. (28) Da kam seine Frau in Auf-
regung heran, und sie schlug ihre Wange und sagte: "(Ich bin doch)
eine unfruchtbare alte Frau!" (29) Sie sprachen: „Das ist so, aber dein
Herr hat gesprochen. Wahrlich, er ist der Allweise, der Allwissende."
(30) (Abraham) sagte: „Wohlan, was ist euer Auftrag, ihr Boten?" (31)

Sie sprachen: „Wir sind zu einem schuldigen Volk entsandt worden (32), auf dass wir Steine von Ton auf sie nieder senden (33), die von deinem Herrn für diejenigen gekennzeichnet sind, die nicht Maß halten." (34) Und wir ließen alle die Gläubigen, die dort waren, fortgehen. (35) Wir fanden dort nur ein Haus von den Gottergebenen. (36) Und wir hinterließen in ihr (der Stadt) ein Zeichen für jene, die die qualvolle Strafe fürchten. (37)

Sura 53:36–54

Oder ist ihm nicht erzählt worden, was in den Schriftblättern Moses steht (36) und Abrahams, der (die Gebote) erfüllte? (37) (Geschrieben steht) dass keine lasttragende (Seele) die Last einer anderen tragen soll (38), und dass dem Menschen nichts anderes zuteil wird als das, wonach er strebt (39), und das sein Streben bald sichtbar wird. (40) Dann wird er dafür mit reichlichem Lohn belohnt werden. (41) Und (es steht geschrieben), dass es bei deinem Herrn enden wird (42), und dass er es ist, der zum Lachen und Weinen bringt (43), und dass er es ist, der sterben lässt und lebendig macht (44), und dass er die Paare (als) männliche und weibliche (Wesen) erschaffen hat (45) aus einem Samentropfen, der ausgestoßen wird (46), und dass ihm die zweite Schöpfung obliegt (47), und dass er allein reich und arm macht (48), und dass er der Herr des Sirius (hellster Doppelstern) ist (49), und dass er die einstigen Ād vernichtete (50) und die Tamūt, und keinen verschonte (51), und (dass er) vordem das Volk Noahs (vernichtete), wahrlich, sie waren höchst ungerecht und widerspenstig. (52)
Und er ließ die verderbten Städte einstürzen (53), so dass sie bedeckte, was (sie) bedeckte. (54)

Sura 2:49–53

Und denkt daran, dass wir euch vor den Leuten des Pharao retteten, die euch schlimme Pein zufügten, indem sie eure Söhne abschlachteten und eure Frauen am Leben ließen. Darin lag eine schwere Prüfung von eurem Herrn. (49) Und denkt daran, dass wir für euch das Meer teilten und euch retteten, während wir die Leute des Pharao vor euren Augen ertrinken ließen. (50) Und denkt daran, dass wir uns mit Moses vierzig Nächte verabredeten, als ihr dann hinter seinem Rücken das Kalb nahmt und damit Unrecht begingt.[86] (51) Alsdann vergaben wir euch, auf dass ihr dankbar sein möchtet. (52) Und denkt daran, dass wir Moses das Buch gaben, sowie die Unterscheidung, auf dass ihr rechtgeleitet werden möget. (53)

Sura 6:91

Sie haben Allāh nicht richtig nach seinem Wert eingeschätzt, wenn sie sagen: „Allāh hat keinem Menschen irgendetwas herabgesandt." Sprich: „Wer sandte das Buch nieder, das Moses als ein Licht und eine Führung für die Menschen brachte, ihr macht es zu Papyrus Blättern, die ihr kundtut, während ihr viel verbirgt, und wo euch das gelehrt worden ist, was weder ihr noch eure Väter wussten?" Sprich: „Allāh!" Dann lass sie sich weiter vergnügen an ihrem eitlen Geschwätz. (91)

Sura 6:154

Hierauf gaben wir Moses das Buch, (die Gnade) erfüllend für den, der das Gute tat, und als Klarlegung aller Dinge und als Führung und als Barmherzigkeit, auf dass sie an die Begegnung mit ihrem Herrn glauben mögen. (154)

Sura 7:103–155

Hierauf, nach ihnen, entsandten wir Moses mit unseren Zeichen zu Pharao und seinen Vornehmen, doch sie frevelten an ihnen. Nun schau, wie das Ende derer war, die Unheil stifteten! (103) Und Moses sagte: „O Pharao, ich bin ein Gesandter vom Herrn der Welten. (104) Es ziemt sich, dass ich von Allāh nichts anderes als die Wahrheit rede. Ich bin zu euch mit einem deutlichen Beweis von eurem Herrn gekommen;

---

[86] Sura 2:51 (Zweites Buch Mose 32,1–35)

so lass denn die Kinder Israels mit mir ziehen." (105) Er sagte: „Wenn du wirklich mit einem Zeichen gekommen bist, so weise es vor, wenn du zu den Wahrhaftigen gehörst." (106) Da warf er seinen Stock nieder, und da war dieser (auf einmal) eine leibhaftige Schlange. (107) Dann zog er seine Hand heraus und da sah sie (auf einmal) für die Zuschauer weiß aus. (108) Die Vornehmen von Pharaos Volk sagten: „Wahrlich, das ist ein wissensreicher Zauberer. (109) Er will euch aus eurem Land vertreiben. Was veranlasst ihr nun?" (110) Sie sagten: „Warte mit ihm und seinem Bruder noch eine Weile und sende Ausrufer zu einer Versammlung in die Städte aus (111), auf dass sie jeden kündigen Zauberer zu dir bringen sollen." (112) Und die Zauberer kamen zu Pharao (und) sagten: „Uns wird doch gewiss eine Belohnung zuteil, wenn wir siegen?" (113) Er sagte: „Ja, und ihr sollt zu den Nächsten (von uns) gehören." (114) Sie sagten: „O Moses, entweder wirfst du (den Stock) oder wir werfen (zuerst)." (115) Er sagte: „Ihr sollt werfen!" Und als sie geworfen hatten, bezauberten sie die Augen der Leute und versetzten sie in Furcht und brachten einen gewaltigen Zauber hervor. (116) Und wir offenbarten Moses: „Wirf deinen Stock!" Und siehe, er verschlang alles, was sie an Trug vorgebracht hatten. (117) So wurde die Wahrheit vollzogen, und ihre Werke erwiesen sich als nichtig. (118) Dort wurden sie damals besiegt, und beschämt kehrten sie um. (119) Und die Zauberer trieb es, in Anbetung niederzufallen. (120) Sie sagten: „Wir glauben an den Herrn der Welten (121), den Herrn von Moses und Aaron." (122) Da sagte Pharao: „Ihr habt an ihn geglaubt, ehe ich es euch erlaubte. Gewiss, das ist eine Liste, die ihr in der Stadt ersonnen habt, um ihre Bewohner daraus zu vertreiben; doch ihr sollt es bald erfahren. (123) Wahrlich, ich werde wechselweise eure Hände und Füße abhauen. Dann werde ich euch alle kreuzigen." (124) Sie sagten: „Dann kehren wir zu unserem Herrn zurück. (125) Du nimmst nur darum Rache an uns, weil wir an die Zeichen unseres Herrn glaubten, als sie zu uns kamen. Unser Herr, gib uns reichlich Geduld und lass uns als Gottergebene sterben." (126) Die Vornehmen von Pharaos Volk sagten: „Willst du zulassen, dass Moses und sein Volk Unheil im Land stiften und dich und deine Götter verlassen?" Er (Pharao) sagte: „Wir wollen ihre Söhne umbringen und ihre Frauen am Leben lassen; denn wir haben Gewalt über sie." (127) Da sagte Moses zu seinem Volk: „Fleht Allāh um Hilfe an und seid geduldig. Wahrlich, die Erde ist Allāhs; er vererbt sie unter seinen Dienern, wem er will, und der Ausgang (alle Dinge) ist für die Gottesfürchtigen." (128) Sie sagten: „Wir litten, ehe du zu uns kamst und nachdem du zu uns gekommen bist." Er sagte: „Euer Herr möge bald eure Feinde zugrunde gehen lassen und euch die Folge Herrschaft im Land geben; und er wird sehen, was ihr dann tut." (129)

Und wir bestraften Pharaos Volk mit Dürre und Mangel an Früchten, auf dass sie sich ermahnen ließen. (130) Doch als dann Gutes zu ihnen kam, sagten sie: „Das gebührt uns." Und wenn sie ein Übel traf, so schreiben sie das Unheil Moses und den Seinigen zu. Nun liegt doch gewiss ihr Unheil bei Allāh allein, jedoch die meisten von ihnen wissen es nicht. (131) Und sie sagten: „Was du uns auch immer für ein Zeichen bringen magst, um uns damit zu bezaubern, wir werden dir doch nicht glauben." (132) Da sandten wir die Flut über sie, die Heuschrecken, die Läuse, die Frösche und das Blut, deutliche Zeichen, doch sie betrügen sich hochmütig und wurden ein sündiges Volk. (133) Wann immer aber das Strafgericht über sie kam, sagten sie: „O Moses, bete für uns zu deinem Herrn und berufe dich auf das, was er dir verhieß! Wenn du die Strafe von und wegnehmen lässt, so werden wir dir ganz gewiss glauben und die Kinder Israels ganz gewiss mit dir ziehen lassen." (134) Doch als wir ihnen die Strafe weg nahmen, für eine Frist, die sie vollenden sollten, siehe, da brachen sie ihr Wort. (135) Darauf bestrafen wir sie und ließen sie im Meer ertrinken, weil sie unsere Zeichen für Lüge erklärten und nicht auf sie achteten. (136) Und wir gaben dem Volk, das als schwach galt, die östlichen Teile des Landes zum Erbe und dazu die westlichen Teile, die wir gesegnet hatten. Und das gnadenvolle Wort deines Herrn wurde damit an den Kindern Israels erfüllt, weil sie geduldig waren; und wir zerstörten alles, was Pharao und sein Volk geschaffen und was sie an hohen Bauten erbaut hatten. (137)

Und wir brachten die Kinder Israels durch das Meer; und sie kamen zu einem Volk, das seinen Götzen ergeben war. Sie sagten: „O Moses, mache uns (so) einen Gott, wie diese hier Götter haben." Er sagte: „Ihr seid ein unbelehrbares Volk. (138) Diesen geht wahrlich (all) das zugrunde, was sie betreiben, und eitel wird all das sein, was sie tun." (139) Er sagte:

„Soll ich für euch einen anderen Gott fordern als Allāh, obwohl er euch vor allen Völkern ausgezeichnet hat?" (140)

Und (gedenkt der Zeit) da wir euch vor den Leuten Pharaos erretteten, die euch mit bitterer Pein bedrückten, eure Söhne hin mordeten und eure Frauen am Leben ließen. Und hierin lag für euch eine schwere Prüfung von eurem Herrn. (141) Und wir verabredeten uns mit Moses für dreißig Nächte und ergänzten sie mit zehn. So war die festgesetzte Zeit seines Herrn vollendet, vierzig Nächte. Und Moses sagte zu seinem Bruder Aaron: „Vertritt mich bei meinem Volk und führe (es) richtig und folge nicht dem Weg derer, die Unheil stiften." (142) Und als Moses zu unserem Termin gekommen war und sein Herr zu ihm gesprochen hatte, sagte er: „Mein Herr, zeige (dich) mir, auf dass ich dich schauen mag." Er sprach: „Du wirst mich nicht sehen, doch blicke auf den Berg; wenn er unverrückt an seinem Ort bleibt, dann wirst du mich sehen." Als nun sein Herr dem Berg erschien, da ließ er ihn zu Schutt zerfallen, und Moses stürzte ohnmächtig nieder. Und als er zu sich kam, sagte er: „Gepriesen bist du, ich bekehre mich zu dir, und ich bin der Erste der Gläubigen." (143) Er sprach: „O Moses, ich habe dich vor den Menschen durch meine Botschaft und durch mein Wort zu dir auserwählt. So nimm denn, was ich dir gegeben habe, und sei einer der Dankbaren." (144)

Und wir schreiben ihm auf den Tafeln allerlei auf zur Ermahnung und Erklärung von allen Dingen: „So halte sie fest und befiehl deinem Volk, das Beste davon zu befolgen." Bald werde ich euch die Stätte der Frevler sehen lassen. (145) Abwenden aber will ich von meinen Zeichen diejenigen, die sich im Lande hochmütig gegen alles Recht gebären; und wenn sie auch alle Zeichen sehen, so wollen sie nicht daran glauben; und wenn sie den Weg der Rechtschaffenheit sehen, so wollen sie ihn nicht als Weg annehmen; sehen sie aber den Weg des Irrtums, so nehmen sie ihn als Weg an. Dies (ist so), weil sie unsere Zeichen für Lügen erklärten und sie nicht achteten. (146) Diejenigen, die unsere Zeichen und ihre Begegnung im Jenseits leugnen, deren Werke sind hinfällig. Können sie für etwas anderes als das, was sie getan haben, belohnt werden? (147)

Und die Leute Moses nahmen sich, nachdem er weggegangen war, aus ihren Schmucksachen ein leibhaftiges Kalb, das muhte. Sahen sie denn nicht, dass es nicht zu ihnen sprechen und sie nicht auf den rechten Weg führen konnte? Sie nahmen es sich, und sie wurden Frevler. (148) Als sie dann von Reue erfasst wurden und einsäen, dass sie wirklich irre gegangen waren, da sagten sie: „Wenn sich unser Herr nicht unser erbarmt und uns verzeiht, so werden wir ganz gewiss unter den Verlierenden sein." (149) Und als Moses zu seinen Leuten zurückkehrte, zornig und voller Gram, da sagte er: „Es ist schlimm, was ihr in meiner Abwesenheit an meiner Stelle verübt habt. Wolltet ihr den Befehl eures Herrn beschleunigen?" Und er warf die Tafeln hin und packte seinen Bruder beim Kopf und zerrte ihn zu sich. Er (Aaron) sagte: „Sohn meiner Mutter, siehe, das Volk hielt mich für schwach, und fast hätten sie mich getötet. Darum lass die Feinde nicht über mich frohlocken und weise mich nicht dem Volk der Ungerechten zu." (150) Er (Moses) sagte: „Mein Herr, vergib mir und meinem Bruder und gewähre uns Zutritt zu deiner Barmherzigkeit; denn du bist der Barmherzigste aller Barmherzigen." (151) Wahrlich, diejenigen, die sich nun das Kalb nahmen, wird der Zorn ihres Herrn sowie Schmach im diesseitigen Leben treffen. Und so belohnen wir diejenigen, die Lügen erdichten. (152) Diejenigen aber, die Böses taten und es dann bereuten und glaubten, wahrlich, dein Herr ist hernach allverzeihend, barmherzig. (153) Und als der Zorn von Moses abließ, nahm er die Tafeln, und in ihrer Niederschrift war Rechtleitung und Barmherzigkeit für jene, die ihren Herrn fürchten. (154) Und Moses erwählte aus seinem Volk siebzig Männer für unsere Verabredung. Doch als das Beben sie ereilte, sagte er: „Mein Herr, hättest du es gewollt, hättest du sie zuvor vernichten können und mich ebenfalls. Willst du uns denn vernichten, um dessentwillen, was die Toren unter uns getan haben? Dies ist nur eine Prüfung von dir. Damit führst du irre, wen du willst, und weist den Weg, wem du willst. Du bist unser Beschützer; so vergib uns denn und erbarme dich unser; denn du bist der Beste der Vergebenden. (155)

Sura 7:159–160

Und unter dem Volk Moses gibt es eine Gemeinde, die in Wahrheit den

Weg weist und demgemäß Gerechtigkeit übt. (159) Und wir teilten sie in zwölf Stämme zu Gemeinschaften auf, und wir offenbarten Moses, als sein Volk von ihm etwas zu trinken forderte: „Schlage mit einem Stock an den Felsen." Da entsprangen ihm zwölf Quellen: so kannte jeder Stamm seinen Trinkplatz. Und wir ließen sie von Wolken überschatten und sandten ihnen Manna und Wachteln herab: „Esst von den guten Dingen, die wir euch beschert haben." Und nicht uns taten sie Unrecht, sondern sich selbst haben sie Unrecht zugefügt. (160)

Sura 10:75–93

Dann schickten wir nach ihnen Moses und Aaron mit unseren Zeichen zu Pharao und seinen Vornehmen; sie aber waren hochmütig. Und sie waren ein verbrecherisches Volk. (75) Als nun die Wahrheit von uns zu ihnen kam, da sagten sie: „Das ist gewiss ein offenkundiger Zauber." (76) Moses sagte: „Sagt ihr (solches) von der Wahrheit, nachdem sie zu euch gekommen ist? Ist das Zauberei? Und die Zauberer haben niemals Erfolg." (77) Sie sagten: „Bist du zu uns gekommen, um uns von dem abzulenken, was wir bei unseren Vätern vorfanden, und wollt ihr beide die Oberhand im Lande haben? Wir aber wollen euch nicht glauben." (78) Da sagte Pharao: „Bringt mir einen jeden kundigen Zauberer herbei." (79) Als nun die Zauberer kamen, sagte Moses zu ihnen: „Werft, was ihr zu werfen habt." (80) Als sie dann geworfen hatten, sagte Moses: „Was ihr gebracht habt, ist Zauberei. Allāh wird es sicher zunichte machen. Denn wahrlich, Allāh lässt das Werk der Verderben Stifter nicht gedeihen. (81) Und Allāh stärkt die Wahrheit durch seine Worte, auch wenn es die Verbrecher verwünschen." (82) Und niemand bekannte sich zu Moses, bis auf einige junge Menschen aus seinem Volk, voller Furcht vor Pharao und seinen Vornehmen, er (Pharao) würde sie verfolgen. Und in der Tat war Pharao ein Tyrann im Land, und wahrlich, er war einer der Maßlosen. (83) Und Moses sagte: „O mein Volk, habt ihr an Allāh geglaubt, so vertraut nun auf ihn, wenn ihr euch (ihm) wirklich ergeben habt." (84) Sie sagten: „Auf Allāh vertrauen wir. Unser Herr, mache uns nicht zu einer Versuchung für das Volk der Ungerechten. (85) Und errette uns durch deine Barmherzigkeit vor dem Volk der Ungläubigen."

(86) Und wir gaben Moses und seinem Bruder ein: „Nehmt in Ägypten einige Häuser für euer Volk und macht sie zur Begegnungsstätte und verrichtet das Gebet." Und (weiter): „Verkünde den Gläubigen die frohe Botschaft!" Und Moses sagte: „Unser Herr, du gabst die Pracht sowie die Reichtümer im diesseitigen Leben dem Pharao und seinen Vornehmen, unser Herr, damit sie von deinem Weg abhalten. Unser Herr, zerstöre ihre Reichtümer und treffe ihre Herzen, so dass sie nicht glauben, ehe sie die schmerzliche Strafe erleben." (88) Er sprach: „Euer Gebet ist erhört. Seid ihr beide denn aufrichtig und folgt nicht dem Weg derer, die unwissend sind." (89) Und wir führten die Kinder Israels durch das Meer; und Pharao mit seinen Heerscharen verfolgte sie widerrechtlich und feindlich, bis er nahe daran war, zu ertrinken, (und) sagte: „Ich glaube, dass kein Gott da ist außer dem, an den die Kinder Israels glauben, und ich gehöre nun zu den Gottergebenen." (90) Wie? Jetzt? Wo du bisher ungehorsam und einer derer warst, die Unheil stifteten? (91) Nun wollen wir dich heute dem Leibe nach erretten, auf dass du ein Beweis für diejenigen seiest, die nach dir kommen. Und es gibt sicher viele Menschen, die Unseren Zeichen keine Beachtung schenken. (92) Wahrlich, wir bereiteten den Kindern Israels ein wahrhaftig sicheres Dasein und versorgten sie mit guten Dingen; und sie waren nicht eher uneins, als bis das Wissen zu ihnen kam. Wahrlich, am Tage der Auferstehung wird dein Herr zwischen ihnen darüber entscheiden, worüber sie uneins waren. (93)

Sura 19:51–53

Und erwähne in diesem Buch Moses. Er war wahrlich ein Erwählter; und er war ein Gesandter, ein Prophet. (51) Wir riefen ihn von der rechten Seite des Berges und ließen ihn zu einer vertraulichen Unterredung näher treten. (52) Und wir machten ihm in unserer Barmherzigkeit seinen Bruder Aaron zum Propheten. (53)

Ist dir Moses Geschichte nicht zu Ohren gekommen? (9) Als er ein Feuer sah, sagte er zu seinen Angehörigen: „Bleibt (hier), ich habe ein Feuer wahrgenommen; vielleicht kann ich euch ein Stück Glut davon bringen oder den rechten Weg am Feuer finden. (10) Und wie er näher herankam, wurde er angerufen: „O Moses! (11) Ich bin es, dein Herr. So zieh deine Schuhe aus; denn du bist im heiligen Tal Wādi Tuwā. (12) Und ich habe dich erwählt; so höre denn auf das, was offenbart wird. (13) Wahrlich, ich bin Allāh. Es gibt kein Gott außer mir; darum diene mir und verrichte das Gebet zu meinem Gedenken. (14) Wahrlich, die Stunde kommt bestimmt. Ich halte sie fest verborgen, auf dass jede Seele nach ihrem Bemühen belohnt werde. (15) Darum lass dich nicht von dem, der hieran nicht glaubt und seinen Gelüsten folgt, davon abhalten, damit du nicht untergehst. (16) Und was ist das in deiner Rechten, o Moses?" (17) Er sagte: „Das ist mein Stock; ich stütze mich darauf und schlage damit Laub für meine Schafe ab, und ich habe für ihn noch andere Verwendungen." (18) Er sprach: „Wirf ihn hin, o Moses!" (19) Da warf er ihn hin, und siehe, er wurde zu einer Schlange, die umhereilte. (20) Er sprach: „Ergreife ihn und fürchte dich nicht. Wir werden ihn in seinen früheren Zustand zurückbringen. (21) Und stecke deine Hand dicht unter deinen Arm; sie wird weiß hervorkommen, ohne ein Übel, (dies ist) noch ein weiteres Zeichen (22), auf dass wir dir etwas von unseren größten Zeichen zeigen. (23) Gehe zu Pharao; denn er ist aufsässig geworden." (24) Er sagte: „Mein Herr, gib mir die Bereitschaft (dazu) (25) und erleichtere mir meine Aufgabe (26) und löse den Knoten meiner Zunge (27), damit sie meine Rede verstehen mögen. (28) Und gib mir einen Beistand aus meiner Familie mit (29), Aaron, meinen Bruder (30), mit dem ich meine Kraft steigere (31); und lass ihn an meiner Aufgabe teilhaben (32), auf das wir dich oft preisen mögen (33) und deiner oft gedenken (34); denn du kennst uns am besten." (35) Er sprach: „Dein Wunsch ist dir gewährt, o Moses! (36) Und sicher haben wir dir (auch schon) ein andermal Gnade erwiesen (37), als wir deiner Mutter jene Weisung eingaben (38) : „Lege ihn in einen Kasten und wirf ihn in den Fluss, dann wird der Fluss ihn ans Ufer

spülen, so das ein Feind von mir und ihm, ihn aufnehmen wird". Und ich habe auf dich Liebe von mir gelegt, damit du unter meinem Auge aufgezogen wurdest. (39) Damals ging deine Schwester hin und sagte: „Soll ich euch jemanden empfehlen, der ihn bereuen könnte?" So gaben wir dich deiner Mutter wieder, auf dass ihr Auge von Freude erfüllt würde und sie sich nicht grämte. Und du erschlugst einen Menschen, wir aber erretteten dich aus der Trübsal. Dann prüften wir dich auf mannigfache Art. Und du verweiltest jahrelang unter dem Volk von Madyan. Hierauf kamst du hierher, o Moses, gemäß einer bestimmten Fügung. (40) Und ich habe dich für mich ausgewählt. (41) Geht denn mit meinen Zeichen hin, du und dein Bruder, und lasst nicht (darin) nach, meiner zu gedenken. (42) Geht beide zu Pharao; denn er ist aufsässig geworden. (43) Jedoch sprecht zu ihm in sanfter Sprache; vielleicht lässt er sich mahnen oder flüchtet sich." (44) Beide sagten: „Unser Herr, wir fürchten, er könnte sich an uns vergreifen oder das Ausmaß seiner Gewalt übersteigen." (45) Er sprach: „Fürchtet euch nicht; denn ich bin mit euch beiden. Ich höre und sehe. (46) So geht denn beide zu ihm hin und sprecht: „Wir sind zwei Gesandte deines Herrn; so lass die Kinder Israels mit uns ziehen; und bestrafe sie nicht. Wir haben dir in Wahrheit ein Zeichen von deinem Herrn gebracht und Friede sei auf dem, der der Rechtleitung folgt! (47) Es ist uns offenbart worden, dass die Strafe über den kommen wird, der (den Glauben) verwirft und sich (von ihm) abwendet." (48) (Pharao) sagte: „Wer ist euer beider Herr, o Moses?" (49) Er sagte: „Unser Herr ist der, der jedem Ding seiner Schöpfungsart gab, alsdann es zu einem bestimmten Dasein leitete." (50) Er (Pharao) sagte: „Und wie steht es dann um die früheren Geschlechter?" (51) Er sagte: „Das Wissen um sie steht bei meinem Herrn in einem Buch. Weder irrt mein Herr, noch vergisst er." (52)
(Er ist es) der die Erde für euch zu einem Lager gemacht hat und Wege über sie für euch hinlaufen lässt und Regen vom Himmel hernieder sendet. Und damit bringen wir Paare von Pflanzenarten hervor. (53) Esst denn und weidet euer Vieh. Wahrlich, hierin liegen Zeichen für Leute von Verstand. (54) Aus ihr (der Erde) haben wir euch erschaffen, und in sie werden wir euch zurückkehren lassen, und aus ihr bringen wir euch abermals hervor. (55) Und wir ließen ihn (Pharao) unsere Zeichen

allesamt schauen; doch er verwarf (sie) und weigerte sich (zu glauben). (56) Er sagte: „Bist du zu uns gekommen, o Moses, um uns durch deinen Zauber aus unserem Lande zu vertreiben? (57) Aber wir werden dir sicher einen Zauber gleich diesem bringen; so setze einen Termin an einem neutralen Ort für uns fest, den wir nicht verfehlen werden; weder wir noch du." (58) Er (Moses) sagte: „Euer Termin sei auf den Tag des Festes (gelegt), und veranlasse, dass sich die Leute bereits am Vormittag versammeln." (59) Da wandte sich Pharao ab und Plante eine List, und dann kam er. (60) Moses sagte zu ihnen: „Wehe euch, ersinnt keine Lüge gegen Allāh, damit er euch nicht durch eine Strafe vernichte. Wer eine Lüge ersinnt, der wird eine Enttäuschung erleben." (61) Dann stritten sie sich über ihre Sache und berieten (sich) insgeheim. (62) Sie sagten: „Diese beiden sind sicher Zauberer, die euch durch ihren Zauber aus eurem Land vertreiben und eure vortreffliche Lebensweise beseitigen wollen. (63) So zeigt, was ihr an Macht habt und kommt dann wohl gereiht nach vorn. Und wer heute die Oberhand gewinnt, der wird Erfolg haben." (64) Sie sagten: „O Moses, entweder wirfst du (den Stock zuerst), oder wir werden die Ersten beim Werfen sein." (65) Er sagte: „Nein; werft ihr nur!" Da siehe, ihre Stricke und ihre Stöcke erschienen ihm durch ihre Zauberei, als ob sie umhereilen. (66) Und Moses verspürte Furcht in seinem Inneren. (67) Wir sprachen: „Fürchte dich nicht; denn du wirst die Oberhand gewinnen. (68) Und wirf nur, was in deiner Rechten ist, es wird das verschlingen, was sie gemacht haben; denn das, was sie gemacht haben, ist nur die List eines Zauberers. Und ein Zauberer soll keinen Erfolg haben, woher er auch kommen mag." (69)

Da warfen die Zauberer sich nieder. Sie sagten: „Wir glauben an den Herrn Aarons und Moses." (70) Er (Pharao) sagte: „Glaubt ihr an ihn, bevor ich es euch erlaube? Er muss wohl euer Meister sein, der euch die Zauberei lehrte. Wahrhaftig, ich will euch darum die Hände und Füße wechselweise abhauen (lassen), und wahrhaftig, ich will euch an den Stämmen der Palmen kreuzigen (lassen); dann werdet ihr bestimmt erfahren, wer von uns strenger und nachhaltiger im Strafen ist." (71) Sie sagten: „Wir wollen dir in keiner Weise den Vorzug geben vor den deutlichen Zeichen, die zu uns gekommen sind, noch (vor dem), der uns erschaffen hat. Gebiete, was du gebieten magst, du kannst ja doch nur über dieses irdische Leben gebieten. (72) Wir glauben an unseren Herrn, auf dass er uns unsere Sünden und die Zauberei, zu der du uns genötigt hast, vergebe. Allāh ist der Beste und der Beständigste." (73) Wahrlich, für den, der im Zustand der Sündhaftigkeit zu seinem Herrn kommt, ist Jahannam (bestimmt); darin soll er weder sterben noch leben. (74) Denen aber, die als Gläubige zu ihm kommen (und) gute Taten vollbracht haben, sollen die höchsten Rangstufen zuteil werden (75); die Gärten von Eden, durch die Bäche fließen; darin werden sie auf ewig verweilen. Und das ist der Lohn derer, die sich rein halten. (76) Und wahrlich, wir offenbarten Moses: „Führe meine Diener bei Nacht hinweg und schlage ihnen eine trockene Straße durch das Meer. Du brauchst nicht zu fürchten, eingeholt zu werden, noch brauchst du dir sonst (irgendwelche) Sorgen zu machen." (77) Darauf verfolgte sie Pharao mit seinen Heerscharen, und es kam (etwas) aus dem Meer über sie, was sie überwältigte. (78) Und Pharao führte sein Volk in die Irre und führte (es) nicht den rechten Weg. (79) „O ihr Kinder Israels, wir erretteten euch von eurem Feinde, und wir schlossen einen Bund an rechten Seite des Berges mit euch und sandten Manna und Wachteln auf euch herab. (80) Esst nun von den guten Dingen, die wir euch gegeben haben, doch überschreitet dabei nicht das Maß, damit mein Zorn nicht auf euch nieder fahre; denn der, auf den mein Zorn niederfährt, geht unter. (81) Und doch gewähre ich dem Verzeihung, der bereut und glaubt und das Gute tut und dann der Führung folgt. (82) Und was hat dich so eilig von deinem Volk weggetrieben, o Moses?" (83) Er sagte: „Sie folgen meiner Spur, und ich bin zu dir geeilt, mein Herr, damit du (mit mir) wohlzufrieden bist." (84) Er sprach: „Siehe, wir haben dein Volk in deiner Abwesenheit geprüft, und der Sàmiryy (Samariter) hat sie verführt." (85) Da kehrte Moses zornig und voller Bedauern zu seinem Volk zurück. Er sagte: „O mein Volk, hat euer Herr euch nicht eine schöne Verheißung gegeben? Erschien euch etwa die anberaumte Zeit zu lang, oder wolltet ihr, dass der Zorn eures Herrn auf euch niederfahre, als ihr euer Versprechen mir gegenüber bracht?" (86) Sie sagten: „Nicht aus freien Stücken haben wir das Versprechen dir gegenüber gebrochen; allein, wir waren beladen mit der Last der Schmucksachen des Volkes; wir warfen sie hin, und das gleiche tat auch der Sàmiryy." (87) Dann brachte er ihnen ein leibhaftiges Kalb, das blökte, hervor. Und sie sagten: „Das ist euer Gott und der Gott Moses; er hat (ihn) vergessen." (88) Konnten sie denn nicht sehen, dass es ihnen keine Antwort gab und keine Macht hatte, ihnen weder zu schaden noch zu nützen? (89) Und doch hatte Aaron zuvor zu ihnen gesagt: „O mein Volk, dadurch seid ihr geprüft worden. Wahrlich, euer Herr ist der Allerbarmer; darum folgt mir und gehorcht meinem Befehl." (90) Sie sagten: „Wir werden keineswegs aufhören, es anzubeten, bis Moses zu uns zurückkehrt." (91) Er (Moses) sagte: „O Aaron, was hinderte dich, als du sie irregehen sahst (92), mir zu folgen? Bist du denn meinem Befehl ungehorsam gewesen?" (93) Er sagte: „O Sohn meiner Mutter, greife nicht nach meinem Bart, noch nach meinem Kopf. Ich fürchtete, du könntest sagen: „Du hast die Kinder Israels gespalten und mein Wort nicht beachtet." (94) Er sagte: „Und was hast du zu sagen, o Sàmiryy?" (95) Er sagte: „Ich bemerkte, was sie nicht wahrnehmen konnten. Da fasste ich eine Handvoll Erde von der Spur des Gesandten und warf sie (in das geschmolzene Gold) hinein. So habe ich es mir selber eingeredet." (96) Er (Moses) sagte: „Geh denn hin! Du sollst dein ganzes Leben lang sagen müssen: „Berührt (mich) nicht"; und dann ist da ein Zeitpunkt für dich, dem du nicht entgehen wirst. So schaue nun auf deinen „Gott", dessen ergebener Anbeter du geworden bist. Wir werden ihn ganz gewiss verbrennen und ihn darauf ins Meer streuen." (97)

Sura 23:45–49

Alsdann sandten wir Moses und seinen Bruder Aaron mit unseren Zeichen und einer klaren Vollmacht (45) zu Pharao und seinen Vornehmen; doch sie wandten sich verächtlich ab; denn sie waren ein hochmütiges Volk. (46) Sie sagten: „Sollen wir an zwei uns gleichen Menschen glauben, wo ihr Volk uns doch dienstbar ist?" (47) So bezichtigten sie beide der Lüge, und sie gehörten zu denen, die vernichtet wurden. (48) Und wahrlich, wir gaben Moses das Buch, auf dass sie dem rechten Weg folgen mögen. (49)

Und wahrlich, wir entsandten Moses mit unseren Zeichen und mit klaren Machtbefugnis (23) zu Pharao und Haman und Korah; jedoch sie sagten: "(Er ist nichts anderes als) ein Zauberer, ein Betrüger." (24) Und als er zu ihnen mit der Wahrheit von uns kam, da sagten sie: „Tötet die Söhne derer, die mit ihm glauben, und lasst ihre Frauen am Leben." Doch der Anschlag der Ungläubigen ist völlig fehlgegangen. (25) Und Pharao sagte: „Lasst mich, ich will Moses töten; und lasst ihn seinen Herrn anrufen. Ich fürchte, er könnte sonst euren Glauben ändern oder Unheil im Land stiften." (26) Und Moses sagte: „Ich nehme meine Zuflucht zu meinem Herrn und eurem Herrn vor jedem Überheblichen, der nicht an den Tag der Abrechnung glaubt." (27) Und es sagte ein gläubiger Mann von den Leuten Pharaos, der seinen Glauben geheim hielt: „Wollt ihr einen Mann töten, weil er sagt: „Mein Herr ist Allāh", obwohl er mit klaren Beweisen von eurem Herrn zu euch gekommen ist? Wenn er ein Lügner ist, so lastet seine Lüge auf ihm; ist er aber wahrhaftig, dann wird euch ein Teil von dem treffen, was er euch androht. Wahrlich, Allāh weist nicht dem den Weg, der maßlos (und) ein Lügner ist. (28) O meine Leute, euch gehört heute die Herrschaft; denn ihr habt die Oberhand im Land. Wer aber wird uns vor der Strafe Allāhs schützen, wenn sie über uns kommt?" Pharao sagte: „Ich weise euch nur auf das hin, was ich selbst sehe, und ich leite euch nur auf den Weg der Rechtschaffenheit." (29) Da sagte jener, der gläubig war: „O mein Volk, ich fürchte für euch das gleiche, was den Verbündeten (widerfuhr) (30), das gleiche, was dem Volk Noahs und den ⊠Ad und den Thamud und denen nach ihnen widerfuhr. Und Allāh will keine Ungerechtigkeit gegen die Menschen. (31)

Sura 40:36–37

Und Pharao sagte: „O Haman, baue mir einen Turm, so dass ich die Zugänge erreiche (36), die Zugänge zu den Himmeln, damit ich ihn sehen kann, den Gott Moses, und ich halte ihn wahrlich für einen Lügner." Also erschien Pharao das Böse seines Tuns im schönsten Licht, und er wurde von dem Weg abgewendet; und der Plan Pharaos schlug fehl. (37)

Sura 40:53−54

Und wir gaben wahrlich Moses die Führung und machten die Kinder Israels zu Erben der Schrift (53), einer Führung und Ermahnung für die Verständigen. (54)

Sura 43:46−56

Und wahrlich, wir sandten Moses mit unseren Zeichen zu Pharao und seinen Vornehmen; da sagte er: „Ich bin ein Gesandter vom Herrn der Welten." (46) Doch als er mit unseren Zeichen zu ihnen kam, siehe, da lachten sie darüber. (47) Und wir zeigten ihnen kein Zeichen, das nicht größer als das vorherige gewesen wäre, und wir erfassten sie mit der Strafe, auf dass sie sich bekehren mögen. (48) Und sie sagten: „O du Zauberer, bete für uns zu deinem Herrn, gemäß dem, was er dir verheißen hat; denn wir werden uns dann rechtleiten lassen." (49) Doch als wir die Strafe von ihnen nahmen, siehe, da brachen sie ihr Wort. (50) Und Pharao ließ unter seinem Volk ausrufen: „O mein Volk, gehören mir nicht das Königreich von Ägypten und diese Ströme, die mir zu Füßen fließen? Könnt ihr denn nicht sehen? (51) Oder bin ich nicht besser als dieser da, der verächtlich ist und sich kaum verständlich ausdrücken kann? (52) Warum sind ihm dann nicht Armbänder aus Gold angelegt worden oder (warum sind dann nicht) Engel mit ihm im Geleit gekommen?" (53) So verleitete er sein Volk zur Narrheit, und sie gehorchten ihm. Sie waren wahrlich ein frevelhaftes Volk. (54) Nachdem sie uns erzürnt hatten, nahmen wir Vergeltung an ihnen und ertränkten sie allesamt. (55) Alsdann machten wir sie zu etwas Vergangenem und zu einem Beispiel für die Späteren. (56)

Sura 46:12

Und vor ihm war schon das Buch von Moses eine Führung und Barmherzigkeit; und dies hier ist ein Buch der Bestätigung in arabischer Sprache, auf dass es diejenigen warne, die freveln, und denen eine frohe Botschaft (bringe), die Gutes tun. (12)

Sura 51:38–40

Und (ein weiteres Zeichen war) in Moses, als wir ihn zu Pharao mit offenkundiger Beweis Macht sandten. (38) Da drehte dieser sich im Gefühl seiner Stärke um und sagte: "(Dies ist) ein Zauberer oder ein Wahnsinniger!" (39) So erfassten wir ihn und seine Heerscharen und warfen sie ins Meer; und er ist zu tadeln. (40)

Sura 2:253

Dies sind die Gesandten. Wir haben einigen von ihnen den Vorrang über andere gegeben. Unter ihnen sind welche, zu denen Allāh gesprochen hat, und einige, die er um Rangstufen erhöht hat. Und wir gaben Jesus, dem Sohn Marias, die klaren Beweise und unterstützten ihn durch heilige Eingebung, und wenn Allāh es so gewollt hätte, dann hätten sich diejenigen, die nach ihnen kamen, nicht gegenseitig bekämpft, nachdem klare Beweise zu ihnen gekommen waren. Sie wurden jedoch uneins. Die einen von ihnen waren gläubig, die anderen ungläubig … (253)

Sura 3:33–55

Wahrlich, Allāh erwählte Adam und Noah und das Haus Abraham und das Haus Īmran (Vater von Maria) vor allen Welten (33), ein Geschlecht, von dem einer aus dem anderen stammt, und Allāh ist Allhörend, Allwissend. (34)
Damals sagte die Frau Īmrans: „Mein Herr, siehe, ich gelobe dir, was in meinem Leibe ist, zu weihen; so nimm es von mir an; siehe, du bist der

Allhörende, der Allwissende." (35) Und als sie es geboren hatte, sagte sie: „Mein Herr, siehe, ich habe es als Mädchen geboren." Und Allāh wusste wohl, was sie geboren hatte; denn der Knabe ist nicht wie das Mädchen. „Und ich habe sie Maria genannt, und siehe, ich möchte, dass sie und ihre Nachkommen zu dir Zuflucht nehmen vor dem gesteinigten Satan." (36) Und so nahm sie Allah/Gott gnädig an und ließ sie in schöner Weise in der Obhut des Zacharias (Vater von Johannes dem Täufer) heranwachsen. Sooft Zacharias zu ihr in den Tempel herantrat, fand er Speise bei ihr. Da sagte er: „O Maria, woher kommt dir dies zu?" Sie sagte: „Es ist von Allāh,; siehe, Allāh versorgt unbegrenzt, wen er will." (37) Dort rief Zacharias seinen Herrn an und sagte: „Mein Herr, gib mir als Geschenk von dir gute Nachkommenschaft, wahrlich, du bist der Erhörer des Gebets." (38) Und da riefen ihm die Engel zu, während er zum Gebet in dem Tempel stand: „Siehe, Allāh verheißt dir Johannes, den Bestätigter eines Wortes von Allāh, einen Vornehmen, einen Asketen und Propheten, einen von den Rechtschaffenen." (39) Er sagte: „Mein Herr, soll mir ein Knabe (geschenkt) werden, wo mich das Alter doch überkommen hat und meine Frau unfruchtbar ist?" Er sprach: „Allāh tut ebenso, was er will." (40) Er sagte: „Mein Herr, gib mir ein Zeichen." Er sprach: „Dein Zeichen ist, dass du drei Tage lang zu den Menschen nicht sprechen wirst, außer durch Gesten. Und gedenke deines Herrn häufig und preise ihn am Abend und am Morgen." (41) Und damals sprachen die Engel: „O Maria, siehe, Allāh hat dich auserwählt und gereinigt und erwählt vor den Frauen der Welten. (42) O Maria, sei vor deinem Herrn voller Andacht und wirf dich nieder und beuge dich mit den Sich-Beugenden." (43) Dies ist eine der Verkündungen des Verborgenen, die wir dir offenbaren. Denn du warst nicht bei ihnen, als sie ihre Losröhrchen warfen, wer von ihnen Maria pflegen sollte. Und du warst nicht bei ihnen, als sie miteinander stritten. (44) Damals sprachen die Engel: „O Maria, siehe, Allāh verkündet dir ein Wort von ihm; sein Name ist der Messias, Jesus, der Sohn der Maria, angesehen im Diesseits und im Jenseits, und einer von denen, die (Allāh) nahe stehen. (45) Und reden wird er in der Wiege zu den Menschen und auch als Erwachsener, und er wird einer der Rechtschaffenen sein." (46) Sie sagte: „Mein Herr, soll mir ein Sohn (geboren) werden, wo mich doch kein Mann berührte?"

Er sprach: „Allāh schafft ebenso, was er will; wenn er etwas beschlossen hat, spricht er nur zu ihm: „Sei!" und es ist." (47) Und er wird ihn das Buch lehren und die Weisheit und die Thora und das Evangelium (48) und wird ihn entsenden zu den Kindern Israels. (Sprechen wird er:) „Seht, ich bin zu euch mit einem Zeichen von eurem Herrn gekommen. Seht, ich erschaffe für euch aus Ton die Gestalt eines Vogels und werde in sie hauchen, und sie soll mit Allāhs Erlaubnis ein Vogel werden; und ich heile den Blindgeborenen und den Aussätzigen und mache die Toten mit Allāhs Erlaubnis lebendig, und ich verkünde euch, was ihr esst und was ihr in euren Häusern speichert. Wahrlich, darin ist ein Zeichen für euch, wenn ihr gläubig seid. (49) Und als Bestätiger der Thora, die vor mir da war, und um euch einen Teil von dem zu erlauben, was euch verboten war, bin ich zu euch gekommen mit einem Zeichen von eurem Herrn. So fürchtet Allāh und gehorcht mir (50); wahrlich, Allāh ist mein Herr und euer Herr, darum dient ihm. Dies ist ein gerader Weg." (51) Und als Jesus ihren Unglauben wahrnahm, sagte er: „Wer ist mein Helfer (auf dem Weg) zu Allāh?" Die Jünger sagten: „Wir sind Allāhs Helfer; wir glauben an Allāh, und (du sollst) bezeugen, dass wir (ihm) ergeben sind. (52) Unser Herr, wir glauben an das, was du herabgesandt hast, und folgen dem Gesandten. Darum führe uns unter den Bezeugenden auf." (53) Und sie schmiedeten eine List, und Allāh schmiedete eine List; und Allāh ist der beste Listenschmied. (54) Allāh: „O Jesus, siehe, ich will dich verscheiden lassen und will dich zu mir erhöhen und will dich von den Ungläubigen befreien und will deine Anhänger über die Ungläubigen setzen bis zum Tag der Auferstehung. Als dann werdet ihr zu mir wiederkehren, und ich will zwischen euch richten über das, worüber ihr uneins wart. (55)

Sura 3:59–60

Wahrlich, Jesus ist vor Allāh gleich Adam; er erschuf ihn aus Erde, alsdann sprach er zu ihm: „Sei!" und da war es. (59) (Dies) ist die Wahrheit von deinem Herrn! Darum sei keiner der Zweifler. (60)

Am Tage, an dem Allāh die Gesandten versammelt und spricht: „Welche Antwort hat ihr empfangen (auf eure Botschaft)?", sagen sie: „Wir haben kein Wissen, du allein bist der Allwissende des Verborgenen." (109) Wenn Allāh sagen wird: „O Jesus, Sohn der Maria, gedenke meiner Gnade gegen dich und gegen deine Mutter; wie ich dich stärkte mit der heiligen Eingebung, du sprachst zu den Menschen sowohl in der Wiege als auch im Mannesalter; und wie ich dich die Schrift und die Weisheit lehrte und die Thora und das Evangelium; und wie du mit meiner Erlaubnis aus Ton bildetest, was wie Vögel aussah, du hauchtest ihm dann (Atem) ein, und es wurde mit meiner Erlaubnis zu (wirklichen) Vögeln; und wie du mit meiner Erlaubnis die Blinden und die Aussätzigen heiltest; und wie du mit meiner Erlaubnis die Toten erwecktest; und wie ich die Kinder Israels von dir abhielt, als du zu ihnen mit deutlichen Zeichen kamst und die Ungläubigen unter ihnen sagten: „Das ist nichts als offenkundige Zauberei." (110) Und als ich den Jüngern eingab, an mich und an meinen Gesandten zu glauben, da sagten sie: „Wir glauben, und sei Zeuge, dass wir (dir) ergeben sind." (111) Als die Jünger sagten: „O Jesus, Sohn der Maria, ist dein Herr imstande, uns einen Tisch (mit Speisen) vom Himmel herabzusenden?"... (112) Sie sagten: „Wir wollen davon essen, und unsere Herzen sollen beruhigt sein, und wir wollen wissen, dass du in Wahrheit zu uns gesprochen hast, und wollen selbst dafür Zeugnis ablegen." (113) Da sagte Jesus, der Sohn der Maria: „O Allāh, unser Herr, sende uns einen Tisch (mit Speise) vom Himmel herab, dass er ein Fest für uns sei, für den Ersten von uns und für den Letzten von uns, und ein Zeichen von dir; und versorge uns; denn du bist der beste Versorger." (114)

Sura 6:84–87

Und wir schenkten ihm Isaak und Jakob; jeden leiteten wir recht, wie wir vordem Noah rechtgeleitet hatten und von seinen Nachkommen David, Salomo, Hiob Yusuf, Moses und Aaron. So belohnen wir diejenigen, die Gutes tun. (84) Und (wir leiteten) Zacharias, Johannes, Jesus und Elias; sie alle gehörten zu den Rechtschaffenen. (85) Und (wir leiteten) Ismael, Elisa, Jonas und Lot; und jeden (von ihnen) zeichneten wir unter den Völkern aus (86); ebenso manche von ihren Vätern und ihren Nachkommen und ihren Brüdern; wir erwählten sie und leiteten sie auf den geraden Weg. (87)

Sura 7:157–158

Dies sind jene, die dem Gesandten, dem Propheten folgen der des Lebens und Schreibens unkundig ist; dort in der Thora und im Evangelium werden sie über ihn (geschrieben) finden; er gebietet ihnen das Gute und verbietet ihnen das Böse, und er erlaubt ihnen die guten Dinge und verwehrt ihnen die schlechten, und er nimmt ihnen ihre Last hinweg und die Fesseln, die auf ihnen lagen. Diejenigen also, die an ihn glauben und ihn stärken und ihm helfen und dem Licht folgen, das mit ihm herabgesandt wurde, die sollen erfolgreich sein. (157) Sprich: „O ihr Menschen, ich bin für euch alle ein Gesandter Allāhs, dessen das Königreich der Himmel und der Erde ist. Es ist kein Gott außer ihm. Er macht lebendig und lässt sterben. Darum glaubt an Allāh und an seinen Gesandten, den Propheten, der des Lesens und Schreibens unkundig ist, der an Allāh und an seine Worte glaubt; und folgt ihm, auf dass ihr rechtgeleitet werden mögt." (158)

Sura 19:16–34

Und erwähne im Buch Maria. Als sie sich von ihrer Familie nach einem östlichen Ort zurückzog (16) und sich vor ihr abschirmte, da sandten wir unseren Geist (Engel Gabriel) zu ihr, und er erschien ihr in der Gestalt eines vollkommenen Menschen (17); und sie sagte: „Ich nehme meine Zukunft vor dir zum Allerbarmer, (lass ab von mir) wenn du Gottesfurcht hast." (18) Er sprach: „Ich bin der Bote deines Herrn. (Er hat mich zu dir geschickt) auf dass ich dir einen reinen Sohn beschere." (19) Sie sagte: „Wie soll mir ein Sohn (beschert) werden, wo mich doch kein Mann (je) berührt hat und ich auch keine Hure bin?" (20) Er sprach: „So ist es; dein Herr aber spricht: „Es ist mir ein leichtes, und wir machen ihn zu einem Zeichen für die Menschen und zu unserer Barmherzigkeit, und dies ist eine beschlossene Sache." (21) Und so empfing sie ihn und zog sich mit ihm an einen entlegenen Ort zurück. (22) Und die Wehen der Geburt trieben sie zum Stamm einer Dattelpalme. Sie sagte: „O wäre ich doch zuvor gestorben und wäre ganz und gar vergessen!" (23) Da rief er ihr von unten her zu: „Sei nicht traurig. Dein Herr hat dir ein Bächlein fließen lassen (24); und schüttele den Stamm der Palme in deine Richtung, und sie wird frische Datteln auf dich fallen lassen. (25) So iss und trink und sei frohen Mutes. Und wenn du einen Menschen siehst, dann sprich: „Ich habe dem Allerbarmer zu fasten gelobt, darum will ich heute mit keinem Menschen reden." (26) Dann brachte sie ihn auf dem Arm zu den Ihren. Sie sagten: „O Maria, du hast etwas Unerhörtes getan. (27) O Schwester Aarons, dein Vater war kein Bösewicht, und deine Mutter war keine Hure." (28) Da zeigte sie auf ihn. Sie sagten: „Wie sollen wir zu einem reden, der noch ein Kind in der Wiege ist?" (29) Er (Jesus) sagte: „Ich bin ein Diener Allāhs; er hat mir das Buch gegeben und mich zu einem Propheten gemacht. (30) Und er befahl mir Gebet und Zakāh, solange ich lebe (31); und ehrerbietig gegenüber meiner Mutter (zu sein); er hat mich nicht gewalttätig und unselig gemacht. (32) Und Friede war über mir an dem Tage, als ich geboren wurde, und Friede wird über mir sein an dem Tage wenn ich sterbe, und an dem Tage, wenn ich wieder zum Leben erweckt werde." (33) Dies ist Jesus, Sohn der Maria, (dies ist) eine Aussage der Wahrheit, über die sie uneins sind. (34)

Sura 43:61–64

Und wahrlich, er (Jesus) ist ein Vorzeichen der Stunde. So bezweifelt sie nicht, sondern folgt mir. Das ist ein gerader Weg. (61) Und lasst euch nicht von Satan abwenden. Gewiss, er ist euer offenkundiger Feind. (62) Und als Jesus mit klaren Beweisen kam, sagte er: „Wahrlich, ich bin mit der Weisheit zu euch gekommen, und um euch etwas von dem zu verdeutlichen, worüber ihr uneins seid. ... (64)

Sura 57:27

Dann ließen wir unsere Gesandten ihren Spuren folgen; und wir ließen (ihnen) Jesus, den Sohn der Maria, folgen, und wir gaben ihm das Evangelium. Und die Herzen derer, die ihm folgten, legten wir Güte und Barmherzigkeit.

Sura 66:12

Und (Allāh legte das Beispiel) von Maria, der Tochter Īmrans, (vor) die ihre Scham bewahrte, darum hauchten wir von unserem Geist in diese ein; und sie glaubte an die Worte ihres Herrn und an seine Schrift und war eine der Gehorsamen. (12)

Quellenverzeichnis

1 Gute Nachricht Bibel, durchgesehene Neuausgabe, © 2018 Deutsche Bibelgesellschaft, Stuttgart

2 https://de.wikipedia.org/wiki/%C3%84 äthiopisches Henoch buch

3–10 Paul Ferrini, Die Jesus-Botschaften. © der deutschsprachigen Ausgabe 2012 by Ullstein Buchverlage GmbH, Berlin

11–16 Neale Donald Walsch, Gespräche mit Gott. Band 1. Ein ungewöhnlicher Dialog Übersetzung: Susanne Kahn-Ackermann© 1997 Arkana Verlag, München, in der Penguin Random House Verlagsgruppe GmbH

17 www.islamanalyse.wordpress.com/uberlieferung, Stand: 18. März 2025

18 https://de.wikipedia.org/wiki/Luqman, Stand: 18. März 2025

19 Mohandras Karamchand Gandhi, Eine Autobiographie oder die Geschichte meiner Experimente mit der Wahrheit, deutscher Herausgeber: Rolf Hinder, © 1977 Aquamarin Verlag GmbH, 85567 Grafing

20 Jack Hawley (Hrsg.), Bhagavadgita. Der Gesang Gottes. Eine zeitgemäße Version für westliche Leser © 2002 Arkana Verlag, München, in der Penguin Random House Verlagsgruppe GmbH, Übersetzung: Peter Kobbe

21 Elizabeth Clare Prophet, Gefallene Engel und die Ursprünge des Bösen. Das verbotene Buch Henoch und seine erstaunlichen Offenbarungen. Die Rechte an der Nutzung der deutschen Übersetzung von Manfred Miehte liegen beim Ansata Verlag, München, in der Penguin Random House Verlagsgruppe GmbH.

Elizabeth Clare Prophet, Gefallene Engel und die Ursprünge des Bösen. Warum die Kirchenväter das Buch Henoch und seine überraschenden Offenbarungen unterdrückten (Gardiner, Mont.: Summit University Press, 2000), Seite […] (Seite 456)

22 Elizabeth Clare Prophet, Gefallene Engel und die Ursprünge des Bösen. Das verbotene Buch Henoch und seine erstaunlichen Offenbarungen. Die Rechte an der Nutzung der deutschen Übersetzung von Manfred Miehte liegen beim Ansata Verlag, München, in der Penguin Random House Verlagsgruppe GmbH. Elizabeth Clare Prophet, Gefallene Engel und die Ursprünge des Bösen. Warum die Kirchenväter das Buch Henoch und seine überraschenden Offenbarungen unterdrückten (Gardiner, Mont.: Summit University Press, 2000), Seite […] (Seite 418–419)

23 Elizabeth Clare Prophet, Gefallene Engel und die Ursprünge des Bösen. Das verbotene Buch Henoch und seine erstaunlichen Offenbarungen. Die Rechte an der Nutzung der deutschen Übersetzung von Manfred Miehte liegen beim Ansata Verlag, München, in der Penguin Random House Verlagsgruppe GmbH. Elizabeth Clare Prophet, Gefallene Engel und die Ursprünge des Bösen. Warum die Kirchenväter das Buch Henoch und seine überraschenden Offenbarungen unterdrückten (Gardiner, Mont.: Summit University Press, 2000), Seite […] (Seite 479–481)

24 Elizabeth Clare Prophet, Gefallene Engel und die Ursprünge des Bösen. Das verbotene Buch Henoch und seine erstaunlichen Offenbarungen. Die Rechte an der Nutzung der deutschen Übersetzung von Manfred Miehte liegen beim Ansata Verlag, München, in der Penguin Random House Verlagsgruppe GmbH. Elizabeth Clare Prophet, Gefallene Engel und die Ursprünge des Bösen. Warum die Kirchenväter das Buch Henoch und seine überraschenden Offenbarungen unterdrückten (Gardiner, Mont.: Summit University Press, 2000), Seite […] (Seite 108–110; 112–114; 164–166; 168; 238–239)

25 https://de.wikipedia.org/wiki/Weltreligion, Stand: 18. März 2025

26 https://de.wikipedia.org/wiki/Tell_el-Hammam, Stand: 18. März 2025

27 Al-Qur'ān Al-Karīm, aus dem arabischen von Abū-Ridā Muhammad Ibn Ahmad Rassoul.

Danksagung

Mein größter Dank geht an Gott, diese unfassbare positive Energie, die uns erschaffen hat und uns mit bedingungsloser Liebe begleitet. Dieses Buch konnte nur entstehen, weil ich meine persönliche Offenbarung von Gott erfahren habe und ich somit mein neues Leben beginnen konnte.

Ein liebevolles Dankeschön geht an meine Mentorin Dr.Beatrix Baartmann: Sie hat mir im August 2019 die Augen geöffnet. Ich bin überzeugt, dass ich nur dank ihr kurz danach meine Offenbarung erhalten habe. Im Oktober 2019 zeigte sich Gott mir in seiner schönsten Weise.

Beatrix ist leider am 17. 04. 2024 von uns gegangen. Ich werde ihrer Seele für immer verbunden bleiben und bin unfassbar dankbar, dass sie in diesem Leben meine Mentorin war. Liebe Beatrix, wir sehen uns wieder!

Ich danke Paul Ferrini und Neale Donald Walsch, die mich durch ihre Erfahrungen mit Gott so inspirierten, dass ihr Geist in meinem Buch vereint wurde.

Auch Elizabeth Clare Prophet gebührt mein Dank. Erst durch ihr Buch „Gefallene Engel" konnte ich die Tora, die Bibel und den Qur'ān verstehen.

Gandhis Seele danke ich aus vollem Herzen. Sein Leben hat mich inspiriert, die Bhagavadgita zu durchleuchten und in mein Werk mit einfließen zu lassen.

Jack Hawley, der eine Bhagavadgita für westliche Leser schrieb und seine persönlichen Erfahrungen mit uns teilte, möchte ich ebenfalls meinen Dank aussprechen.

All diese wunderbaren Menschen wirkten im Hintergrund und bereicherten dadurch mein Leben in ganz besonderer Form.

Und zu guter Letzt danke ich meiner Familie, die mich in der Zeit, in der ich dieses Buch geschrieben habe, unterstützten.

Es gibt keinen Weg zum Frieden, der Frieden ist der Weg.

Mahatma Gandhi